Machiavel

et les Secrets de la

Négociation

Zacharie Michel

Machiavel et les Secrets de la Négociation

Publié par
Zacharie Michel

ISBN
9798303456457

Droits d'auteur

Le contenu de ce livre est protégé par le droit d'auteur. Il est uniquement destiné à un usage personnel. Vous ne pouvez pas modifier, distribuer, vendre, utiliser, citer ou paraphraser une partie ou la totalité du contenu de ce livre sans le consentement de l'auteur ou de l'éditeur.

Tous droits de traduction, d'adaptation et de reproduction par tous procédés, réservés par tous pays. La loi du 11 mars 1957 n'autorisant, aux termes des alinéas 2 et 3 de l'article 41, d'une part, que les « copies ou reproductions strictement réservées à l'usage privé du copiste et non destinées à une utilisation collective », et d'autre part, que les analyses et les citations dans un but d'exemple et d'illustration, « toute représentation intégrale ou partielle, faite sans le consentement de l'auteur ou de ses ayants droit ou ayants cause est illicite » (alinéa 1er de l'article 40). Cette représentation ou reproduction, par quelque procédé que ce soit, constituerait donc une contrefaçon sanctionnée par les articles 425 et suivants du code pénal.

Avis de Non-Responsabilité :

En lisant ce document, le lecteur accepte que l'auteur ne soit en aucun cas responsable des pertes directes ou indirectes résultant de l'utilisation des informations contenues dans ce document, y compris, mais sans s'y limiter, les erreurs, omissions ou inexactitudes.

Copyright © Zacharie Michel – Tous droits réservés

TABLE DES MATIÈRES

Introduction 5

   Dévoiler l'Actualité de Machiavel en Négociation 9

      Comprendre Machiavel au-delà des clichés en analysant ses écrits fondamentaux et son contexte historique turbulent 9

      Appliquer la pensée machiavélienne aux défis contemporains en identifiant les parallèles stratégiques et les leçons intemporelles 12

   Relever le Défi du Négociateur Moderne et Stratège 17

      Identifier les obstacles courants en négociation par l'examen des échecs fréquents et des succès exemplaires 17

      Adopter un état d'esprit princier pour négocier en cultivant la lucidité, l'audace et la flexibilité tactique 21

1. Maîtriser les Fondamentaux de la Négociation Machiavélienne 28

   1.1 Redéfinir la Négociation avec la Perspicacité Machiavélienne 33

      1.1.1 Concevoir la négociation comme un art de la guerre pacifique en étudiant les dynamiques de pouvoir et d'influence 33

      1.1.2 Établir les fondations d'une stratégie gagnante en définissant clairement ses objectifs ultimes et ses limites infranchissables 37

   1.2 Assimiler les Principes Clés pour Préparer le Terrain 43

      1.2.1 Développer la virtù du négociateur souverain en alliant adaptabilité contextuelle, ruse calculée et force de caractère 43

      1.2.2 Intégrer l'influence de la fortuna en anticipant les imprévus, en évaluant les risques et en saisissant les opportunités 48

2. Déployer des Techniques d'Analyse Stratégique Redoutables 55

   2.1 Décrypter l'Adversaire et le Contexte Global de Négociation 60

      2.1.1 Analyser le profil psychologique des interlocuteurs en observant leurs comportements, leurs motivations et leurs faiblesses potentielles 60

      2.1.2 Évaluer l'environnement global de la négociation en identifiant les enjeux cachés, les alliances et les contraintes externes 65

   2.2 Cartographier les Rapports de Force et les Leviers d'Action 71

      2.2.1 Identifier les sources réelles de pouvoir de chaque partie en analysant les ressources critiques, les dépendances mutuelles et les réseaux d'influence 71

      2.2.2 Déterminer sa Meilleure Solution de Rechange (MESORE) en évaluant rigoureusement ses options et en fixant son point de rupture 76

3. Exploiter Subtilement les Faiblesses Adverses et Propres... 82

3.1 Identifier les Vulnérabilités Stratégiques avec Précision...87

3.1.1 Détecter ses propres faiblesses objectives en menant une auto-évaluation honnête et en sollicitant des retours critiques constructifs................................... 87

3.1.2 Repérer les failles de l'adversaire avec acuité par l'observation attentive, l'écoute active et la collecte d'informations discrètes.. 92

3.2 Transformer les Faiblesses en Avantages Compétitifs Décisifs............................ 98

3.2.1 Utiliser la feinte et la dissimulation pour masquer ses intentions réelles par des manœuvres tactiques et des diversions astucieuses.................................98

3.2.2 Exploiter les erreurs et les hésitations de l'adversaire en les anticipant adroitement et en préparant des contre-mesures efficaces................................ 102

4. Dominer les Confrontations avec une Maîtrise Princière.. 109

4.1 Naviguer les Tensions et les Conflits Ouverts avec Stratégie............................... 115

4.1.1 Gérer ses émotions et celles des autres en maintenant son calme, sa rationalité et sa posture d'autorité.. 115

4.1.2 Désamorcer l'agressivité et la résistance par des techniques de communication assertive, de questionnement habile et de recadrage positif. 120

4.2 Utiliser la Psychologie pour Maîtriser l'Escalade et Influencer.......................... 126

4.2.1 Appliquer les principes d'influence et de persuasion psychologique en adaptant son discours, son langage corporel et son argumentation................. 126

4.2.2 Répondre aux tactiques déloyales et manipulatrices par leur détection précoce, leur neutralisation ferme et leur retournement stratégique............... 130

5. Conquérir la Victoire et Assurer son Hégémonie.. 137

5.1 Bâtir des Stratégies pour Conclure l'Accord Favorablement............................... 141

5.1.1 Maîtriser l'art du compromis et de la concession stratégiques en distinguant clairement l'essentiel de l'accessoire.. 141

5.1.2 Formuler des propositions finales perçues comme gagnant-gagnant par la créativité, la flexibilité et le timing parfait.. 146

5.2 Consolider le Succès Obtenu et Maintenir son Influence..................................... 153

5.2.1 Sécuriser l'accord et ses termes par une formalisation rigoureuse, une communication claire et une gestion proactive des attentes............................ 153

5.2.2 Entretenir sa réputation de négociateur redoutable et son réseau d'alliés en capitalisant sur les succès pour les victoires futures...................................... 159

Conclusion.. 167
Remerciements.. 175

INTRODUCTION

Dans un monde où les rapports de force dictent chaque interaction, j'ai découvert que la négociation n'est pas qu'une simple compétence professionnelle, mais un art de vivre. Un soir de printemps parisien, alors que je conseillais le PDG d'une entreprise du CAC 40 sur une fusion particulièrement délicate, une vérité m'est apparue avec une clarté saisissante : les principes que j'appliquais instinctivement étaient les mêmes que ceux décrits par Machiavel cinq siècles plus tôt. Cette révélation m'a conduit à explorer systématiquement les parallèles entre les enseignements du secrétaire florentin et les défis contemporains de la négociation. J'ai constaté que derrière les sourires cordiaux et les poignées de main des salles de réunion modernes se jouent les mêmes dynamiques de pouvoir que celles qui animaient les cours princières de la Renaissance italienne.

La vérité que personne n'ose formuler ouvertement est que la négociation n'est jamais neutre. Qu'il s'agisse d'une transaction commerciale, d'un accord diplomatique ou d'une simple discussion familiale, chaque partie cherche à maximiser ses intérêts. Reconnaître cette réalité n'est pas cynique, mais lucide. Cette lucidité constitue la première étape vers une négociation véritablement maîtrisée. Mon parcours m'a mené des salles feutrées des ministères français aux conseils d'administration des plus grandes entreprises européennes. J'ai négocié des contrats valant plusieurs centaines de millions d'euros et désamorcé des conflits sociaux qui menaçaient de paralyser des pans entiers de notre économie. À chaque fois, j'ai pu observer que les négociateurs qui réussissent partagent une qualité rare : ils comprennent intuitivement les principes machiavéliens du pouvoir.

Ce livre n'est pas un énième manuel de négociation rempli de formules creuses et de conseils consensuels. Je vous propose plutôt un voyage au cœur des mécanismes qui régissent réellement les rapports de force dans toute négociation. Vous découvrirez comment décrypter les intentions véritables de vos interlocuteurs, comment identifier leurs faiblesses et, surtout, comment utiliser ces informations pour atteindre vos objectifs.

Les principes que je partage avec vous sont le fruit d'années d'observation, d'étude et d'expérimentation. Ils s'appliquent aussi bien dans le contexte français, avec ses codes implicites et sa culture du non-dit, que dans l'arène internationale où les règles du jeu peuvent varier considérablement. J'ai testé ces techniques face à des négociateurs russes impassibles, des hommes d'affaires chinois patients et des avocats américains agressifs. Leur efficacité transcende les frontières culturelles.

La pensée de Machiavel a été souvent caricaturée, réduite à une apologie de la manipulation et de la tromperie. Cette lecture superficielle manque l'essentiel : Machiavel était avant tout un observateur lucide des réalités du pouvoir. Quand j'évoque son nom à mes clients, je vois souvent une lueur d'inquiétude dans leur regard. Ils craignent que je ne les invite à adopter des pratiques contraires à l'éthique. Rien n'est plus éloigné de mon intention. Utiliser les enseignements de Machiavel ne signifie pas abandonner toute morale. Cela signifie plutôt comprendre les règles réelles du jeu social pour naviguer efficacement dans un monde complexe. Le Prince moderne n'est pas celui qui écrase impitoyablement ses adversaires, mais celui qui sait discerner quand la fermeté est nécessaire et quand la conciliation sert mieux ses intérêts à long terme. Lors d'un séminaire que j'animais pour des entrepreneurs de la French Tech, un participant m'a demandé si appliquer ces principes ne risquait pas de nuire aux relations de confiance nécessaires dans les affaires. Ma réponse l'a surpris : les plus grands bâtisseurs de confiance que j'ai rencontrés maîtrisaient parfaitement l'art machiavélien de la négociation. Ils savaient créer un cadre où la confiance pouvait s'épanouir précisément parce qu'ils comprenaient les intérêts en jeu et les leviers d'influence disponibles.

Dans les chapitres qui suivent, vous apprendrez à analyser froidement vos forces et vos faiblesses avant d'entrer dans une négociation. Vous développerez votre capacité à lire entre les lignes du discours de votre interlocuteur pour identifier ses véritables motivations. Vous découvrirez comment transformer une position de faiblesse apparente en avantage stratégique. Je vous révélerai également comment gérer les tensions inévitables qui surgissent dans toute négociation significative, et comment sortir victorieux même des situations les plus complexes.

Une anecdote illustre parfaitement l'importance de ces compétences. J'accompagnais un jour le dirigeant d'une PME française spécialisée dans les composants électroniques dans une négociation avec un géant allemand de l'automobile. Sur le papier, le rapport de force était écrasant en faveur du client allemand. Mon client tremblait littéralement avant notre première rencontre. Après trois jours d'une négociation que j'avais structurée selon les principes machiavéliens, nous avons non seulement obtenu un prix supérieur de 15% à notre objectif initial, mais aussi des conditions de paiement bien plus favorables que celles habituellement accordées par ce client réputé inflexible. Comment avons-nous réussi ce tour de force ? Nous avions minutieusement étudié les contraintes internes de notre interlocuteur, identifié ses délais serrés, analysé ses alternatives et trouvé le moyen de nous rendre indispensables non pas en tant que simple fournisseur, mais comme partenaire stratégique. Cette approche n'avait rien de manipulateur ou de malhonnête. Elle reposait sur une compréhension profonde des besoins réels de l'autre partie et sur notre capacité à y répondre tout en servant nos propres intérêts.

Les stratégies que je vous présente dans cet ouvrage s'adressent à tous ceux qui souhaitent améliorer leur capacité de négociation dans un contexte professionnel ou personnel. Entrepreneurs devant convaincre des investisseurs méfiants, commerciaux face à des acheteurs aguerris, avocats plaidant pour leurs clients, cadres négociant une promotion, ou simplement citoyens soucieux de faire valoir leurs droits face à une administration parfois rigide, vous trouverez tous des outils adaptés à votre situation.

Je vous propose un pacte : prenez ce livre non pas comme un simple recueil de techniques, mais comme un guide pour développer une nouvelle façon de penser la négociation. Lisez-le crayon à la main, annotez-le, mettez en pratique les principes exposés dès que l'occasion se présente. Observez vos progrès, analysez vos échecs pour en tirer des leçons. La maîtrise de l'art machiavélien de la négociation ne s'acquiert pas en une nuit, mais le jeu en vaut largement la chandelle.

Chaque chapitre de ce livre vous rapprochera un peu plus de l'idéal du négociateur souverain capable de façonner les événements plutôt que de les subir. Je partagerai avec vous des exemples concrets tirés de mon expérience, des exercices pratiques pour développer vos compétences et des analyses approfondies des mécanismes psychologiques à l'œuvre dans toute négociation.

Un dernier mot avant de plonger dans le vif du sujet. La maîtrise des techniques machiavéliennes de négociation vous confère un pouvoir considérable. Comme tout pouvoir, il s'accompagne d'une responsabilité. Utilisez ces connaissances avec discernement, non pour exploiter cyniquement vos interlocuteurs, mais pour créer des accords véritablement équilibrés qui servent durablement vos intérêts tout en respectant ceux de vos partenaires.
Préparez-vous à voir le monde de la négociation sous un jour entièrement nouveau. Votre perception des interactions humaines ne sera plus jamais la même après avoir intégré ces principes millénaires adaptés aux défis contemporains.

L'aventure commence maintenant.

Dévoiler l'Actualité de Machiavel en Négociation

Comprendre Machiavel au-delà des clichés en analysant ses écrits fondamentaux et son contexte historique turbulent

Le nom de Machiavel évoque instantanément des images de manipulation, de ruse et parfois même de cruauté calculée. "Machiavélique" est devenu, dans notre langage courant, synonyme d'une approche cynique et impitoyable du pouvoir. Mais cette caricature trahit une ignorance profonde de l'homme et de son œuvre. Ma première rencontre avec Machiavel date de mes années à Sciences Po, quand mon professeur de philosophie politique nous avait lancé un défi: lire "Le Prince" sans préjugés, comme si nous découvrions un texte anonyme. Cette lecture m'a transformé intellectuellement. Derrière le supposé apôtre de l'immoralité politique se cachait un penseur d'une lucidité exceptionnelle, un observateur méticuleux des affaires humaines, et par-dessus tout, un patriote florentin passionnément attaché au bien commun. Pour comprendre véritablement ce que Machiavel peut nous apporter en matière de négociation, nous devons d'abord le libérer du carcan des préjugés qui l'étouffent depuis cinq siècles.

Nicolò Machiavelli naît en 1469 à Florence, à une époque où l'Italie est morcelée en petits États constamment menacés par les grandes puissances européennes. Contrairement à l'image du conseiller maléfique murmurant des stratagèmes à l'oreille des puissants, Machiavel fut un serviteur dévoué de la République florentine pendant 14 ans, occupant le poste crucial de secrétaire de la Seconde Chancellerie. J'insiste sur ce point: Machiavel n'était pas un théoricien isolé dans une tour d'ivoire mais un diplomate actif, envoyé en mission auprès des cours les plus importantes d'Europe et confronté quotidiennement aux réalités brutales de la politique.

Sa chute fut aussi soudaine que douloureuse. En 1512, avec le retour des Médicis au pouvoir à Florence, Machiavel se retrouve écarté, emprisonné, torturé puis exilé dans sa propriété de Sant'Andrea in Percussina. C'est là, dans la solitude et l'amertume, qu'il rédige ses œuvres majeures, dont "Le

Prince". J'ai visité ce lieu il y a quelques années, et j'ai été frappé par la modestie de la demeure. On imagine Machiavel, le soir venu, quittant ses habits de paysan, revêtant ses habits de cour, et s'asseyant pour compiler l'expérience d'une vie au service de la politique.

Pour saisir la vision machiavélienne de la négociation, trois de ses œuvres méritent une attention particulière:

- **"Le Prince"** - Bien que ce court traité soit son œuvre la plus célèbre, il est aussi le plus souvent mal interprété. Machiavel y analyse les mécanismes d'acquisition et de conservation du pouvoir, non pas pour promouvoir la tyrannie, mais pour comprendre comment stabiliser un État dans un monde chaotique.

- **"Les Discours sur la première décade de Tite-Live"** - Cette œuvre plus volumineuse et moins connue révèle ses véritables convictions républicaines et son admiration pour les institutions garantissant la liberté politique.

- **"L'Art de la guerre"** - Au-delà des considérations militaires, ce dialogue offre des réflexions précieuses sur la stratégie, la préparation et l'adaptation aux circonstances changeantes.

Les contradictions apparentes entre ces œuvres ont longtemps alimenté les débats. Comment réconcilier les conseils pragmatiques du "Prince" avec l'idéalisme républicain des "Discours"? Cette question m'a obsédé pendant mes recherches, jusqu'à ce que je comprenne que ces tensions reflètent la complexité de la pensée machiavélienne, une pensée qui refuse les solutions toutes faites et s'adapte aux circonstances.

Le génie de Machiavel réside dans sa capacité à observer le monde tel qu'il est, non tel qu'il devrait être. "Il m'a paru plus convenable de suivre la vérité effective de la chose que son imagination," écrit-il dans "Le Prince". Cette phrase résume parfaitement son approche. Dans mes formations en négociation pour des cadres dirigeants, je constate que cette distinction entre l'idéal et le réel constitue souvent le premier obstacle à surmonter. Combien de négociateurs talentueux échouent parce qu'ils négocient avec une version imaginaire de leur interlocuteur plutôt qu'avec la personne réelle qui leur fait face?

Le contexte historique de l'Italie de la Renaissance explique largement cette approche. Florence se trouvait constamment menacée par des puissances supérieures: la France, l'Espagne, les États pontificaux. Dans ce monde impitoyable, la survie exigeait une lucidité absolue. Les dirigeants qui se berçaient d'illusions condamnaient leurs États à la ruine. J'ai constaté la même dynamique dans le monde des affaires contemporain, où les entreprises qui refusent de voir les réalités du marché finissent par disparaître. Contrairement à l'image du penseur amoral qui lui colle à la peau, Machiavel possède une éthique précise. Sa morale n'est simplement pas celle, abstraite, des philosophes, mais une morale pratique orientée vers des résultats concrets: la préservation de l'État et le bien commun. Pour lui, la vertu d'un dirigeant se mesure à sa capacité à protéger la communauté politique, pas à ses intentions ou à ses scrupules personnels.

Cette vision nous offre une leçon fondamentale en négociation: l'efficacité prime sur l'intention. Vos interlocuteurs vous jugeront sur les conséquences de vos actes, pas sur vos bonnes intentions. Lors d'une médiation particulièrement tendue que j'ai menée entre une entreprise française en difficulté et son principal créancier, j'ai vu comment les beaux discours du PDG sur ses intentions vertueuses irritaient profondément les représentants de la banque. Ce qu'ils attendaient, c'étaient des propositions concrètes et réalistes.

Deux concepts clés de la pensée machiavélienne méritent une attention particulière pour comprendre sa pertinence en négociation:

- **La virtù** - Ce terme italien, difficile à traduire exactement, désigne la capacité d'action efficace, l'énergie créatrice qui permet de façonner les événements plutôt que de les subir. Le négociateur doté de virtù ne se contente pas de réagir; il prend l'initiative, crée des opportunités, transforme les obstacles en avantages.

- **La fortuna** - Pour Machiavel, la fortune représente tous les facteurs extérieurs qui échappent à notre contrôle. Il la compare à un fleuve impétueux qui peut tout dévaster, mais contre lequel on peut construire des digues et des canaux. En négociation, reconnaître le rôle de la fortune, c'est accepter l'incertitude fondamentale de tout processus impliquant des êtres humains.

La relation dialectique entre virtù et fortuna structure toute la pensée machiavélienne. Le prince exemplaire (ou le négociateur accompli) est celui qui maximise sa capacité d'action tout en s'adaptant aux circonstances imprévues. Cette flexibilité tactique contraste fortement avec la rigidité morale que prônaient les "miroirs des princes", ces manuels médiévaux d'éducation des souverains que Machiavel critique implicitement. Cette contextualisation nous permet de comprendre pourquoi Machiavel reste indispensable pour quiconque souhaite maîtriser l'art de la négociation. Sa pensée nous invite à regarder au-delà des apparences, à reconnaître les rapports de force réels et à agir de manière décisive pour atteindre nos objectifs. Elle nous enseigne que la négociation n'est pas un exercice abstrait de communication, mais une forme sublimée de confrontation où s'expriment des intérêts divergents.

Lors d'un séminaire que j'animais pour des avocats d'affaires parisiens, un participant m'a demandé si étudier Machiavel n'était pas moralement problématique. Ma réponse fut simple: ignorer Machiavel ne rend pas ses observations moins vraies, cela nous rend simplement moins préparés face à ceux qui les ont assimilées. Comprendre la dynamique du pouvoir n'implique pas nécessairement d'en abuser, mais permet de naviguer plus efficacement dans un monde où cette dynamique existe, que nous le voulions ou non.

APPLIQUER LA PENSÉE MACHIAVÉLIENNE AUX DÉFIS CONTEMPORAINS EN IDENTIFIANT LES PARALLÈLES STRATÉGIQUES ET LES LEÇONS INTEMPORELLES

La vision de Machiavel résonne avec une pertinence saisissante dans l'univers contemporain de la négociation. Cette résonance m'a d'abord frappé lors d'une mission auprès d'un groupe industriel français confronté à une OPA hostile. L'entreprise, solidement ancrée dans son territoire, se voyait menacée par un géant international aux ressources considérables. Face à ce déséquilibre apparent des forces, j'ai puisé dans les enseignements machiavéliens pour élaborer une stratégie défensive qui a finalement contraint l'agresseur à se retirer.

Le 'pragma', pragmatisme machiavélien, exige une flexibilité considérable de la part des négociateurs modernes. Son approche fondée sur l'observation lucide des réalités plutôt que sur des idéaux abstraits offre un cadre remarquablement adapté aux défis contemporains de la négociation commerciale, diplomatique ou interpersonnelle. Dans le monde des affaires actuel, caractérisé par sa complexité et sa volatilité, cette lucidité constitue un avantage compétitif majeur. Machiavel nous enseigne que, dans toute interaction stratégique, la compréhension des motivations réelles des acteurs prime sur leurs déclarations publiques. J'ai vu des négociations échouer parce que les parties s'accrochaient aux positions officiellement exprimées plutôt que de chercher à comprendre les véritables intérêts en jeu. Un cadre dirigeant avec qui je travaillais récemment persistait à prendre au pied de la lettre les objections formelles d'un client potentiel, manquant ainsi l'opportunité d'adresser ses préoccupations non exprimées mais déterminantes.

La ruse et la force doivent être employées judicieusement selon les circonstances, une approche que Machiavel illustre à travers ses métaphores du lion et du renard. Cette dualité tactique s'applique parfaitement aux négociations modernes où l'alternance entre fermeté et souplesse, entre transparence et discrétion, constitue souvent la clé du succès. J'ai formé des dirigeants à reconnaître les moments où chaque posture devenait nécessaire, transformant ainsi leur approche de situations complexes.

L'un des principes fondamentaux de Machiavel concernant le pouvoir s'articule autour de l'idée que "la fin justifie les moyens". Appliquée à la négociation contemporaine, cette maxime ne légitime pas l'absence d'éthique, mais souligne l'importance d'une orientation vers les résultats plutôt que vers les procédures. Dans ma pratique, j'observe que les négociateurs les plus efficaces savent rester flexibles sur le chemin tout en maintenant une vision claire de leur destination. La préférence machiavélienne pour inspirer la crainte plutôt que l'amour trouve un écho dans le respect professionnel que doit susciter un négociateur accompli. Les concessionnaires automobiles avec qui j'ai travaillé ont transformé leur approche en comprenant qu'une réputation de fermeté respectueuse servait mieux leurs intérêts qu'une image de serviabilité excessive. Ce principe se traduit par une posture d'autorité bienveillante qui renforce le pouvoir de négociation sans compromettre la relation.

Plusieurs leçons intemporelles de Machiavel s'appliquent directement aux défis contemporains de la négociation :

- **L'importance du timing** : Machiavel insistait sur l'occasion (occasione) comme moment propice à l'action. En négociation, le choix du moment pour formuler une proposition, révéler une information ou conclure un accord peut s'avérer aussi crucial que le contenu même de l'échange. J'ai vu des accords majeurs se concrétiser ou échouer uniquement en fonction du timing choisi.

- **La gestion calculée du risque** : "Cogito, ergo domino" (Je pense, donc je domine). Machiavel valorisait la réflexion stratégique comme préalable à toute prise de risque. Les négociateurs contemporains qui réussissent ne sont pas ceux qui évitent le risque mais ceux qui le calibrent avec précision après une analyse minutieuse.

- **L'anticipation des réactions** : La capacité à prévoir les mouvements adverses confère un avantage décisif. J'enseigne à mes clients à élaborer des scénarios multiples et à préparer leurs réponses à chaque configuration possible, une approche directement inspirée de l'analyse machiavélienne des contingences.

- **La flexibilité tactique face à la rigidité stratégique** : Machiavel distingue clairement les fins (immuables) des moyens (adaptables). Cette distinction permet au négociateur moderne de maintenir le cap sur ses objectifs essentiels tout en modifiant sa tactique selon l'évolution des circonstances.

Le concept machiavélien de "virtù" trouve une application particulièrement féconde dans la négociation contemporaine. Cette qualité, qui combine courage, compétence et détermination, caractérise les négociateurs capables de saisir les opportunités et de surmonter les obstacles. La "virtù" du négociateur moderne se manifeste dans sa capacité à :

- Maintenir son sang-froid face à la pression
- Adapter sa stratégie aux évolutions imprévues
- Persévérer malgré les échecs temporaires
- Reconnaître et exploiter les occasions favorables

J'ai accompagné un entrepreneur en conflit avec son principal investisseur. Sa situation semblait désespérée jusqu'à ce qu'il développe cette "virtù" machiavélienne. En cultivant sa maîtrise émotionnelle et sa flexibilité tactique, il a transformé une confrontation potentiellement destructrice en opportunité de clarification bénéfique pour les deux parties.

La vision machiavélienne du conflit comme état naturel des relations humaines éclaircit également de nombreux aspects de la négociation moderne. Plutôt que de considérer les tensions comme des anomalies regrettables, Machiavel les perçoit comme le tissu même des interactions sociales. Cette perspective libère le négociateur de l'illusion d'harmonie parfaite et lui permet d'aborder les divergences d'intérêts avec réalisme et pragmatisme.

L'approche probabiliste que Machiavel introduit dans l'analyse politique trouve un écho dans les techniques contemporaines d'évaluation des risques en négociation. Sa "grammaire discriminatrice" pour évaluer les options s'apparente aux matrices décisionnelles modernes. J'utilise régulièrement des outils inspirés de cette approche pour aider mes clients à clarifier leurs choix dans des situations complexes.

L'art de la négociation selon Machiavel intègre trois dimensions fondamentales toujours pertinentes aujourd'hui :

- La "capacité intuitive" pour saisir rapidement la nature des situations
- Le "calcul probabiliste" pour évaluer les chances de succès de différentes approches
- "L'efficacité organisationnelle" pour mettre en œuvre les décisions avec cohérence

Un dirigeant d'entreprise technologique que je conseillais récemment a radicalement transformé sa façon de négocier en intégrant ces trois dimensions. D'un profil purement analytique, il a développé sa sensibilité intuitive au contexte et renforcé sa capacité d'exécution, devenant ainsi un négociateur beaucoup plus complet et efficace.

La matrice conceptuelle de la négociation contemporaine s'enrichit considérablement des apports machiavéliens. Sa vision du pouvoir comme dynamique relationnelle plutôt que comme attribut statique éclaire les mécanismes d'influence en jeu dans toute négociation. J'observe constamment comment la perception du pouvoir façonne les comportements à la table de négociation, souvent davantage que les rapports de force objectifs.

La distinction machiavélienne entre "être" et "paraître" offre également des perspectives précieuses pour la négociation stratégique actuelle. La gestion consciente de l'image projetée, sans tomber dans la manipulation malhonnête, constitue un levier d'influence majeur que j'aide mes clients à maîtriser. La pensée machiavélienne nous rappelle que la négociation ne se limite pas à l'échange verbal direct mais englobe tout l'écosystème relationnel et informationnel qui l'entoure. Les alliances, les réputations, les précédents, les signaux indirects comptent autant que les arguments explicites. Cette vision systémique de la négociation s'avère particulièrement pertinente dans notre monde interconnecté. L'héritage le plus précieux de Machiavel pour le négociateur moderne réside peut-être dans son invitation à voir le monde tel qu'il est, non tel qu'on voudrait qu'il soit. Cette lucidité, loin d'être cynique, permet d'agir efficacement dans la réalité plutôt que de se battre contre des moulins à vent. Elle constitue le fondement d'une approche authentiquement machiavélienne de la négociation, aussi pertinente aujourd'hui qu'il y a cinq siècles.

Relever le Défi du Négociateur Moderne et Stratège

Identifier les obstacles courants en négociation par l'examen des échecs fréquents et des succès exemplaires

La salle de réunion du 37ème étage offrait une vue spectaculaire sur Paris, mais personne n'y prêtait attention ce jour-là. Une négociation cruciale venait d'échouer après trois mois de préparation intensive. En observant les visages défaits de l'équipe que j'accompagnais, j'ai réalisé que cet échec, aussi douloureux soit-il, constituait une occasion inestimable d'apprentissage. Les erreurs en négociation nous enseignent souvent davantage que nos victoires. L'analyse des échecs en négociation révèle des schémas récurrents que tout stratège doit connaître. Joshua N. Weiss, expert en négociation et chercheur à Harvard, souligne avec justesse que "l'échec est le moteur de l'apprentissage". Durant mes années de conseil auprès d'entreprises françaises et internationales, j'ai identifié sept obstacles majeurs qui font trébucher même les négociateurs expérimentés.

Le premier obstacle, sans doute le plus fondamental, réside dans l'absence de préparation adéquate. Cette erreur, d'apparence anodine, engendre des conséquences désastreuses. Un dirigeant de PME avec qui je travaillais s'est présenté à une négociation cruciale avec un grand groupe sans avoir étudié la situation financière de son interlocuteur, ignorant que celui-ci venait d'annoncer des résultats catastrophiques. Sa proposition, inadaptée au contexte, fut rejetée d'emblée.

Une préparation rigoureuse implique plusieurs éléments essentiels :

- L'analyse approfondie de votre interlocuteur (profil psychologique, contraintes, objectifs réels)
- La définition précise de vos propres objectifs et limites
- L'anticipation des objections potentielles
- La préparation d'arguments adaptés au contexte
- L'élaboration de scénarios alternatifs et solutions de repli

Le second obstacle majeur concerne l'écoute déficiente. Combien de négociateurs talentueux échouent par leur incapacité à entendre véritablement leur interlocuteur ! Ils se concentrent tellement sur leurs propres arguments qu'ils manquent des signaux cruciaux. L'écoute active constitue une compétence essentielle en négociation, permettant de déceler les besoins réels au-delà des positions exprimées.

J'ai assisté à une négociation entre un cabinet d'avocats parisien et un client potentiel où le responsable du cabinet monopolisait la parole, vantant l'excellence de ses services sans jamais laisser son interlocuteur exprimer ses préoccupations spécifiques. Le contrat fut finalement attribué à un concurrent qui avait su écouter et adapter son offre aux besoins particuliers du client.

La rigidité excessive représente le troisième obstacle courant. Les négociateurs inflexibles, cramponnés à leurs positions initiales, créent des impasses. L'art de la négociation réside précisément dans la capacité à identifier les zones de flexibilité sans compromettre ses intérêts fondamentaux. Une entreprise technologique que je conseillais refusait catégoriquement de modifier certaines clauses contractuelles secondaires, ce qui a provoqué la rupture des discussions malgré un accord sur les points essentiels. Cette rigidité s'accompagne souvent d'un quatrième obstacle : la focalisation excessive sur les positions plutôt que sur les intérêts sous-jacents. Les positions (ce que les parties déclarent vouloir) masquent souvent les intérêts réels (pourquoi elles le veulent). Un négociateur machiavélien efficace sait percer ce voile pour identifier les motivations profondes de son interlocuteur.

Lors d'une médiation entre deux associés en conflit, j'ai constaté que leur dispute apparente sur la répartition des parts se fondait en réalité sur un besoin de reconnaissance pour l'un et un besoin de sécurité pour l'autre. En répondant à ces intérêts fondamentaux, nous avons débloqué une situation qui semblait inextricable.

La gestion déficiente des émotions constitue le cinquième obstacle majeur. Les négociations échouent fréquemment lorsque les émotions prennent le dessus sur la raison. Un directeur commercial que j'accompagnais a laissé sa frustration transparaître face à un acheteur particulièrement exigeant, compromettant instantanément sa position. La maîtrise émotionnelle représente une qualité indispensable du négociateur machiavélien.

Les types de réactions émotionnelles qui sabotent les négociations incluent :

- La colère incontrôlée face aux tactiques adverses
- L'anxiété excessive qui pousse à des concessions prématurées
- L'orgueil déplacé qui empêche les ajustements nécessaires
- L'impatience qui conduit à bâcler les étapes cruciales
- L'empathie excessive qui fait perdre de vue ses propres intérêts

Le sixième obstacle concerne la communication inadaptée. Les négociateurs sous-estiment souvent l'impact du choix des mots, du ton, du langage corporel et du timing dans la transmission de leurs messages. Un brillant ingénieur que j'ai formé échouait systématiquement dans ses négociations malgré l'excellence de ses arguments, jusqu'à ce qu'il prenne conscience de son langage corporel défensif et de son ton involontairement agressif.

Enfin, le septième obstacle réside dans l'incapacité à comprendre le contexte global de la négociation. Les forces extérieures, les alliances cachées, les contraintes organisationnelles et les enjeux non exprimés influencent considérablement le processus négociatoire. Un consultant tentant de décrocher un contrat avec une grande banque française ignorait que son interlocuteur direct était en conflit avec la direction et sabotait discrètement toutes les propositions externes.

Ces obstacles ne sont pas insurmontables. L'analyse des négociations réussies révèle cinq principes fondamentaux que j'ai distillés au fil de ma pratique.

Premier principe : oser. Les négociateurs performants commencent par une exigence initiale ambitieuse mais réaliste, créant ainsi un espace de négociation favorable. Pour chaque point à négocier, ils définissent clairement un objectif idéal, une demande initiale et un seuil plancher. Cette préparation structurée leur permet d'aborder la négociation avec confiance et méthode.

Deuxième principe : résister. Face aux demandes adverses, ils ne cèdent pas immédiatement mais défendent leur position avec des arguments solides. Cette résistance calculée renforce la crédibilité de leurs demandes et teste la détermination de l'autre partie.

Troisième principe : obtenir des contreparties. Les négociateurs machiavéliens n'accordent jamais de concessions gratuites. Chaque mouvement s'inscrit dans une logique d'échange : "Si je fais cet effort sur le délai de livraison, pouvez-vous améliorer les conditions de paiement ?" Cette approche équilibre la relation et valorise chaque concession.

Quatrième principe : limiter les reculs. Lorsqu'ils doivent céder du terrain, ils le font par petits incréments, préservant ainsi leur crédibilité et évitant d'encourager des exigences toujours plus grandes de la part de leur interlocuteur.

Cinquième principe : conclure au moment opportun. Les négociateurs habiles savent quand il est temps de finaliser l'accord, évitant ainsi de rouvrir des points déjà réglés ou de créer une dynamique de marchandage sans fin.

L'observation des succès exemplaires en négociation révèle également des constantes dans l'approche des problèmes. Les négociateurs d'élite transforment les confrontations en collaborations, non par naïveté mais par stratégie. Ils créent des relations de confiance tout en maintenant une vigilance aiguë.

Le cas d'une startup française négociant avec un investisseur providentiel illustre cette approche équilibrée. La fondatrice a réussi à obtenir un financement tout en limitant la dilution de son capital grâce à sa transparence sur les enjeux réels et à sa capacité à démontrer l'alignement des intérêts à long terme. Son succès reposait sur une préparation minutieuse, une écoute active et une communication stratégiquement calibrée.

Les négociateurs qui réussissent partagent également une capacité remarquable à transformer les obstacles en opportunités. Confrontés à des tactiques déloyales ou à des situations défavorables, ils ne se laissent pas déstabiliser mais adaptent leur stratégie avec souplesse. Cette résilience tactique représente l'essence même de l'approche machiavélienne.

Un avocat d'affaires particulièrement efficace que j'ai observé maîtrisait l'art de retourner les objections de ses interlocuteurs en avantages. Face à la critique du montant élevé de ses honoraires, il ne se défendait pas mais transformait cette objection en démonstration de la valeur unique qu'il apportait, concluant ainsi des contrats plus avantageux que ses concurrents moins onéreux. L'identification de ces obstacles courants et l'analyse des réussites exemplaires nous révèlent une vérité fondamentale : la négociation exige une préparation stratégique, une exécution tactique et une agilité psychologique qui dépassent largement le cadre des négociations spontanées auxquelles nous sommes habitués dans la vie quotidienne.

Dans les prochaines sections, nous explorerons comment cultiver l'état d'esprit du négociateur princier capable de naviguer avec aisance à travers ces obstacles. Car la négociation, telle que la concevait Machiavel, n'est pas seulement une technique à maîtriser mais une posture mentale à adopter.

Adopter un état d'esprit princier pour négocier en cultivant la lucidité, l'audace et la flexibilité tactique

Un silence glacial régnait dans la salle de conférence lorsque j'ai pris place à la table des négociations. Face à moi, trois dirigeants d'une multinationale, déterminés à acquérir la technologie brevetée de mon client à un prix dérisoire. Leur assurance frôlait l'arrogance. J'ai soutenu leurs regards pendant quelques secondes avant de déployer ma première carte stratégique. Ce jour-là, mon client a non seulement conservé sa propriété intellectuelle, mais a conclu un partenariat sur des termes que ses adversaires jugeaient impossibles deux heures plus tôt. La différence ne résidait pas dans les faits ou les arguments, mais dans ce que Machiavel aurait appelé la "disposition mentale princière".

L'état d'esprit du négociateur efficace s'apparente à celui du prince machiavélien, cette figure qui transcende les contingences pour façonner activement sa destinée. Cette posture mentale ne s'acquiert pas naturellement mais se cultive consciemment à travers trois dimensions fondamentales : la lucidité sans concession, l'audace calculée et la flexibilité tactique.

La lucidité constitue le socle de toute négociation réussie. Elle implique une vision claire des réalités, débarrassée des illusions confortables que nous entretenons souvent. Cette lucidité se manifeste d'abord envers soi-même, puis s'étend à notre compréhension de l'adversaire et du contexte global. Un négociateur que j'ai formé refusait obstinément de reconnaître sa tendance à éviter les confrontations. Cette cécité volontaire le conduisait systématiquement à accepter des compromis désavantageux dès que la tension montait d'un cran.

Cultiver la lucidité exige un travail introspectif rigoureux :

- **Identifier ses biais cognitifs** - Nous sommes tous sujets à des distorsions de perception qui altèrent notre jugement. Le biais de confirmation, qui nous pousse à privilégier les informations confortant nos croyances préexistantes, s'avère particulièrement dangereux en négociation.
- **Reconnaître ses peurs profondes** - Qu'il s'agisse de la peur du rejet, du conflit ou de l'échec, ces appréhensions influencent subtilement mais puissamment nos décisions stratégiques.
- **Cartographier ses forces et faiblesses réelles** - Non pas celles que nous aimerions avoir ou celles que nous craignons posséder, mais nos attributs objectifs tels qu'ils se manifestent sous pression.
- **Accepter l'inconfort de la vérité** - La lucidité implique parfois la reconnaissance de réalités dérangeantes sur nous-mêmes, nos interlocuteurs ou la situation.

Cette lucidité doit également s'appliquer à la perception de l'autre. Lors d'une médiation complexe entre deux associés en conflit, j'ai constaté que chacun projetait sur l'autre des intentions malveillantes largement imaginaires. En les amenant progressivement vers une vision plus lucide de leur partenaire, j'ai pu débloquer une situation qui paraissait insoluble. La lucidité machiavélienne va au-delà du simple réalisme. Elle implique une compréhension aiguë des motivations humaines fondamentales, souvent moins nobles que celles affichées publiquement. Cette vision, parfois qualifiée de cynique, constitue en réalité une forme d'honnêteté intellectuelle. Elle permet de naviguer efficacement dans les eaux troubles des négociations complexes sans se laisser abuser par des apparences trompeuses.

L'audace représente la deuxième dimension essentielle de l'état d'esprit princier. Elle ne consiste pas en une témérité aveugle mais en une hardiesse calculée, fruit d'une analyse lucide des rapports de force. Cette audace machiavélienne se traduit par la capacité à prendre des initiatives qui surprennent l'adversaire et bouleversent ses plans préétablis.

J'ai accompagné une startup française lors de ses négociations avec un géant américain du numérique. Au lieu d'accepter le cadre imposé par ce dernier, nous avons audacieusement redéfini les termes du débat en proposant un modèle d'affaires radicalement différent qui renforçait notre position. Cette démarche a déstabilisé notre interlocuteur, habitué à dicter ses conditions, et nous a permis de reprendre la main sur la négociation.

L'audace princière se cultive à travers plusieurs pratiques :

- **L'élaboration de scénarios alternatifs** - La capacité à envisager plusieurs chemins vers le succès libère l'esprit des contraintes apparentes et ouvre le champ des possibles.
- **La tolérance au risque calculé** - Il ne s'agit pas de chercher le danger mais d'accepter une part d'incertitude lorsque l'analyse coûts-bénéfices la justifie.
- **La projection d'assurance** - L'attitude corporelle, le ton de la voix et le regard communiquent une confiance qui influence directement la perception de votre pouvoir.
- **L'utilisation stratégique des propositions provocatrices** - Une offre audacieuse, même si elle n'est pas acceptée, recadre l'ensemble des discussions et déplace le point d'ancrage psychologique.

Un dirigeant d'entreprise que j'accompagnais manquait cruellement d'audace dans ses négociations commerciales. Sa crainte de "briser la relation" l'amenait à formuler des propositions timides qui signalaient immédiatement sa faiblesse. En l'encourageant à cultiver une audace maîtrisée, calculée, je l'ai aidé à transformer radicalement sa posture et ses résultats.

La flexibilité tactique complète ce triptyque vertueux du négociateur machiavélien. Elle désigne cette capacité à adapter sa stratégie en temps réel face aux évolutions de la situation. Machiavel insistait sur l'importance de cette agilité stratégique, soulignant qu'un prince trop rigide dans ses méthodes court à sa perte face aux changements inévitables de la fortune. Cette flexibilité s'oppose aux approches dogmatiques qui poussent certains négociateurs à s'enfermer dans des schémas prédéfinis. Une avocate brillante avec qui je travaillais excellait dans les joutes argumentatives mais échouait fréquemment dans ses négociations en raison de son incapacité à modifier son approche face aux signaux d'opposition. Sa rigidité intellectuelle, pourtant source de sa précision juridique, devenait un handicap dans le contexte fluide de la négociation.

Développer cette flexibilité tactique implique plusieurs compétences :

- **La lecture fine des signaux faibles** - Ces indices subtils qui révèlent un changement d'attitude ou d'intention chez votre interlocuteur avant même qu'il n'en soit pleinement conscient.
- **L'adaptabilité relationnelle** - La capacité à moduler votre comportement en fonction de la personnalité de votre interlocuteur et de l'évolution de ses réactions.
- **L'improvisation structurée** - Cette apparente contradiction désigne l'art d'improviser des réponses tout en restant ancré dans un cadre stratégique cohérent.
- **Le détachement émotionnel** - Non pas l'absence d'émotions, mais la capacité à ne pas être prisonnier de réactions émotionnelles qui limitent votre répertoire de réponses.

J'ai observé cette flexibilité tactique chez un négociateur syndical d'une rare efficacité. Face à un interlocuteur patronal particulièrement rigide, il alternait avec aisance entre fermeté et conciliation, savait quand faire monter la pression et quand l'apaiser, modulait ses demandes non en fonction d'un plan préétabli mais de sa lecture continue de la situation. Cette danse stratégique lui permettait de saisir des opportunités invisibles aux yeux de négociateurs plus statiques.

La synthèse harmonieuse de ces trois dimensions - lucidité, audace et flexibilité - forme ce que j'appelle "l'état d'esprit princier" du négociateur machiavélien accompli. Cette posture mentale permet de transcender les réactions instinctives qui sabotent tant de négociations pour accéder à une maîtrise stratégique supérieure.

Pour cultiver cet état d'esprit, je recommande à mes clients plusieurs pratiques quotidiennes :

- **L'analyse post-mortem** des négociations passées, centrée non sur les résultats mais sur les processus mentaux à l'œuvre
- **La simulation mentale** de scénarios complexes pour entraîner votre agilité cognitive face à l'imprévu
- **La méditation stratégique** qui développe simultanément la clarté d'esprit et le détachement émotionnel
- **L'immersion dans des environnements inconfortables** qui élargit votre zone de confort et renforce votre adaptabilité

Un banquier d'affaires particulièrement talentueux m'a confié pratiquer quotidiennement ce qu'il appelait "l'exercice du renversement" : pour chaque position qu'il défendait fermement, il s'obligeait à argumenter intérieurement le point de vue opposé avec autant de conviction. Cette discipline mentale lui conférait une souplesse intellectuelle remarquable en situation de négociation.

L'état d'esprit princier ne se contente pas d'améliorer vos performances en négociation, il transforme votre relation même au processus négociatoire. Là où le négociateur ordinaire subit la négociation comme une épreuve stressante, le négociateur princier l'aborde comme un jeu stratégique stimulant, un espace d'expression de sa maîtrise tactique.

Une cliente dirigeante m'avouait récemment : "Avant nos sessions, je redoutais chaque négociation importante comme une menace potentielle. Aujourd'hui, je les attends avec impatience comme autant d'occasions de déployer cette nouvelle posture mentale que j'ai développée. Le stress a fait place à une excitation stratégique que je n'aurais jamais cru possible." Cette transformation de la relation à la négociation représente peut-être le bénéfice le plus profond de l'état d'esprit princier machiavélien. Elle transcende les techniques et les méthodes pour toucher à l'essence même de notre rapport au pouvoir, à l'influence et aux interactions stratégiques.

Dans les chapitres suivants, nous explorerons en détail les techniques concrètes qui permettent d'actualiser cette posture mentale dans différents contextes de négociation. Mais gardez à l'esprit que ces techniques, aussi sophistiquées soient-elles, ne portent pleinement leurs fruits que lorsqu'elles s'enracinent dans le terreau fertile de cet état d'esprit princier, cette disposition intérieure qui distingue le négociateur d'exception du simple technicien de la négociation.

1. Maîtriser les Fondamentaux de la Négociation Machiavélienne

La soirée était déjà bien avancée lorsque la porte de mon bureau s'est ouverte sur l'un des plus puissants industriels français. Son visage trahissait une tension inhabituelle. "J'ai besoin de votre aide," m'a-t-il confié sans préambule. "Demain, je joue l'avenir de mon groupe face à un consortium étranger déterminé à nous démanteler." Ce n'était pas la première fois qu'un dirigeant venait chercher mon expertise en négociation stratégique, mais rarement avec une telle urgence. Sa demande illustrait une vérité fondamentale : même les plus aguerris reconnaissent que la maîtrise des principes fondamentaux de négociation peut faire basculer le destin d'une entreprise, d'une carrière, parfois d'une vie entière. Les fondements de la négociation machiavélienne ne se résument pas à quelques techniques superficielles ou astuces psychologiques. Ils constituent un système cohérent, une architecture conceptuelle rigoureuse qui transforme radicalement votre approche des interactions stratégiques. Mon expérience auprès des élites économiques et politiques m'a confirmé que ces principes, loin d'être de simples curiosités historiques, représentent le socle indispensable de toute négociation d'envergure.

Le premier principe fondamental repose sur une compréhension lucide de la nature humaine. Machiavel dépassait les considérations moralisatrices pour observer les hommes tels qu'ils sont, non tels qu'ils devraient être. Cette lucidité sans concession vous permet d'anticiper les comportements avec une précision remarquable. Un négociateur naïf croit les déclarations d'intentions; un négociateur machiavélien observe les actions et déchiffre les motivations réelles.

J'ai formé un jeune entrepreneur prometteur qui perdait systématiquement ses négociations avec les investisseurs. Son problème? Il projetait sa propre intégrité sur ses interlocuteurs, s'attendant à ce qu'ils respectent naturellement leurs engagements verbaux. En l'initiant à l'anthropologie machiavélienne, je lui ai appris à distinguer les signaux fiables des promesses creuses. Six mois plus tard, il levait trois fois plus de fonds dans des conditions bien plus favorables.

La négociation machiavélienne s'articule autour de cinq principes cardinaux qui structurent toute interaction stratégique :

- **La primauté de l'intérêt** - Chaque partie poursuit son avantage propre, quelles que soient ses déclarations altruistes. Cette réalité n'est pas cynique mais pragmatique et permet d'aligner les intérêts plutôt que de se perdre en vœux pieux.

- **L'asymétrie informationnelle** - L'information constitue la ressource stratégique par excellence. Sa maîtrise, sa dissimulation sélective et sa révélation calculée déterminent souvent l'issue d'une négociation.

- **La dynamique de pouvoir** - Les rapports de force structurent toute négociation. Leur perception importe souvent davantage que leur réalité objective.

- **La dialectique de la virtù et de la fortuna** - L'habileté stratégique du négociateur (virtù) interagit constamment avec les circonstances extérieures (fortuna).

- **La finalité supérieure** - Toute tactique se subordonne à un objectif stratégique clairement défini. Sans cette boussole, les manœuvres tactiques perdent leur cohérence.

Ces principes vous paraîtront peut-être évidents à première lecture. Leur puissance réside pourtant dans leur application systématique et leur combinaison stratégique. Le véritable négociateur machiavélien ne les convoque pas occasionnellement; il les intègre profondément à sa vision du monde et à son approche des interactions humaines. L'art de la négociation machiavélienne transcende la simple transaction commerciale pour embrasser toute situation impliquant des intérêts divergents et une possibilité d'accord mutuellement avantageux. Qu'il s'agisse de négocier une fusion d'entreprises, un contrat commercial, une convention collective ou même des arrangements familiaux complexes, ces principes fondamentaux conservent leur pertinence.

Mon travail avec un médiateur familial renommé a démontré comment ces principes s'appliquent même aux situations les plus personnelles. En adoptant la perspective machiavélienne pour analyser des conflits de succession apparemment insolubles, nous avons développé des approches permettant de transcender les blocages émotionnels pour aboutir à des arrangements durables et équilibrés.

La négociation machiavélienne repose également sur une conscience aiguë du temps comme dimension stratégique. Le timing optimal d'une proposition, la gestion des délais, l'exploitation de l'urgence ou au contraire de la patience représentent des leviers décisifs. Une entreprise française de taille moyenne que j'accompagnais a retourné complètement un rapport de force défavorable simplement en maîtrisant mieux cette dimension temporelle que son interlocuteur multinational.

Machiavel nous enseigne aussi l'importance cruciale du contexte. Chaque négociation s'inscrit dans un environnement spécifique avec ses contraintes, ses opportunités et ses règles implicites. Le négociateur averti analyse minutieusement ce contexte pour en tirer avantage. Une dirigeante que je conseillais a réussi une négociation particulièrement délicate en exploitant habilement les tensions internes au sein du conseil d'administration de son partenaire commercial.

La préparation méthodique constitue peut-être le fondement le plus essentiel de l'approche machiavélienne. Elle se déploie sur plusieurs dimensions complémentaires :

- **Préparation informationnelle** - Recueillir et analyser toutes les données pertinentes sur l'objet de la négociation, votre interlocuteur et le contexte global.

- **Préparation stratégique** - Définir clairement vos objectifs, priorités, limites et alternatives en cas d'échec.

- **Préparation tactique** - Anticiper les différentes trajectoires possibles de la négociation et préparer vos réponses.

- **Préparation psychologique** - Cultiver l'état d'esprit optimal combinant lucidité, sang-froid et flexibilité mentale.

Cette préparation multidimensionnelle vous confère un avantage décisif avant même le début des échanges formels. J'ai assisté à d'innombrables négociations où l'issue était pratiquement déterminée avant la première poignée de main, simplement par le déséquilibre flagrant dans la qualité de la préparation.

La communication stratégique représente un autre pilier fondamental de la négociation machiavélienne. Elle dépasse largement la simple expression claire d'idées pour inclure la maîtrise des dimensions implicites, non-verbales et symboliques du langage. Un mot peut clore un accord ou faire échouer des mois de préparation.

Une avocate d'affaires exceptionnelle avec qui je collabore régulièrement m'a confié que sa plus grande force réside non dans sa connaissance du droit mais dans sa capacité à décoder le "sous-texte" des échanges. Cette lecture entre les lignes lui permet de saisir les véritables préoccupations de ses interlocuteurs, souvent très éloignées des positions officiellement exprimées.

La psychologie de l'influence constitue le dernier fondement majeur que nous explorerons dans cette section. Machiavel, précurseur de la psychologie politique moderne, avait compris que la persuasion efficace repose sur une connaissance approfondie des ressorts motivationnels humains. Ces mécanismes d'influence psychologique, étudiés scientifiquement depuis, offrent des leviers puissants au négociateur averti.

Un cabinet de conseil parisien que j'ai formé a transformé radicalement son taux de conversion commerciale en intégrant systématiquement ces principes d'influence psychologique dans ses propositions et présentations. Sans aucune manipulation malhonnête, simplement en alignant leur communication sur les mécanismes cognitifs naturels de leurs interlocuteurs, ils ont obtenu des résultats spectaculaires.

La maîtrise de ces fondamentaux ne garantit pas automatiquement le succès. Elle augmente cependant considérablement vos chances de l'atteindre en vous offrant une grille de lecture puissante et des outils stratégiques éprouvés. Dans les chapitres suivants, nous explorerons chacun de ces fondamentaux en profondeur, avec des applications concrètes et des études de cas réels.

Ma méthode pédagogique privilégie l'apprentissage par l'expérience et la pratique réflexive. Au-delà des concepts théoriques, je vous proposerai des exercices pratiques et des simulations pour intégrer ces principes à votre répertoire naturel. Car la véritable maîtrise ne consiste pas à appliquer mécaniquement des techniques, mais à développer une intuition stratégique qui devient seconde nature. Le cadre conceptuel machiavélien que je vous propose n'est pas figé dans le marbre d'un dogme historique. Il s'enrichit constamment des apports de la psychologie moderne, des sciences comportementales, de l'économie expérimentale et de mon expérience personnelle auprès des négociateurs d'élite. Cette synthèse entre sagesse ancienne et connaissances contemporaines vous offre un socle exceptionnellement solide pour développer votre propre style de négociation.

Les sections qui suivent vous guideront pas à pas dans l'assimilation et la mise en œuvre des fondamentaux machiavéliens de la négociation. Nous commencerons par redéfinir la négociation elle-même à la lumière de cette perspective unique, puis nous explorerons les principes clés qui vous permettront de préparer optimalement le terrain pour vos futures confrontations stratégiques. Préparez-vous à une transformation profonde de votre vision des interactions stratégiques. Les principes que vous allez découvrir ne vous offriront pas simplement des techniques, mais une nouvelle grille de lecture du monde social et une posture mentale qui distingue les véritables stratèges des simples participants aux jeux de pouvoir contemporains.

1.1 Redéfinir la Négociation avec la Perspicacité Machiavélienne

1.1.1 Concevoir la négociation comme un art de la guerre pacifique en étudiant les dynamiques de pouvoir et d'influence

Le soleil se couchait sur Paris lorsqu'un directeur général m'a confié, la voix tremblante : "Demain, j'entre en guerre." Il ne s'agissait pas d'un conflit armé mais d'une négociation cruciale avec son principal concurrent. Sa métaphore militaire, loin d'être excessive, révélait une intuition profonde : la négociation constitue véritablement un art de la guerre pacifique, gouverné par les mêmes principes stratégiques, les mêmes dynamiques psychologiques et les mêmes enjeux existentiels. Cette perspective machiavélienne de la négociation bouscule notre compréhension conventionnelle. Machiavel lui-même, dans l'Art de la Guerre, nous rappelle que "les mêmes vertus qui servent à conquérir un État servent aussi à le conserver". Cette vision s'applique parfaitement au territoire métaphorique de la table de négociation, où chaque partie cherche à conquérir et à préserver ses positions stratégiques.

L'erreur fondamentale des négociateurs novices réside dans leur conception idéalisée de l'exercice. Ils imaginent une conversation rationnelle entre parties de bonne foi, cherchant naturellement un terrain d'entente mutuellement avantageux. Cette vision naïve les condamne souvent à subir plutôt qu'à agir. J'ai formé des centaines de dirigeants français qui partageaient initialement cette illusion, avant de découvrir la réalité plus complexe du champ de bataille négociatoire. Une négociation implique toujours un rapport de force, explicite ou implicite. Ce rapport détermine largement l'issue des discussions, souvent davantage que la validité intrinsèque des arguments échangés. La dynamique de pouvoir structure l'ensemble de l'interaction et s'impose comme la grille de lecture indispensable pour tout négociateur averti.

Les sources de pouvoir en négociation se déclinent en plusieurs catégories qu'il convient d'identifier et d'exploiter :

- **Le pouvoir institutionnel** - Celui qui découle de votre position formelle, de votre titre ou de votre rôle officiel. Un acheteur pour un grand groupe français possède automatiquement un pouvoir institutionnel face à un fournisseur de taille modeste.

- **Le pouvoir informationnel** - La possession d'informations cruciales que votre interlocuteur ignore ou ne maîtrise que partiellement. J'ai assisté à des négociations où une connaissance approfondie des contraintes internes de l'autre partie valait plus que tous les arguments techniques.

- **Le pouvoir d'expertise** - La maîtrise reconnue d'un domaine spécifique qui vous confère une autorité naturelle. Un cabinet d'avocats spécialisé négociera toujours avec un avantage substantiel face à un généraliste.

- **Le pouvoir relationnel** - Votre réseau, vos connexions et les alliances que vous pouvez mobiliser. Dans l'écosystème économique français, particulièrement riche en interconnexions subtiles, ce levier s'avère souvent décisif.

- **Le pouvoir psychologique** - Votre capacité à inspirer confiance, respect ou même une forme de crainte modérée. La dimension psychologique transcende souvent les aspects matériels de la négociation.

La vision machiavélienne nous enseigne également que tout pouvoir reste relatif et contextuel. Votre position de force dans un domaine peut coexister avec une vulnérabilité dans un autre. Cette réalité explique pourquoi les négociations complexes ressemblent tant à des manœuvres militaires, avec leurs mouvements de flanc, leurs feintes et leurs replis stratégiques.

Les dynamiques d'influence constituent le second pilier de cette approche. L'influence diffère subtilement du pouvoir : là où le pouvoir peut contraindre, l'influence oriente et persuade. Machiavel avait parfaitement saisi cette nuance en distinguant la crainte du prince (pouvoir) et l'amour qu'il peut inspirer (influence).

J'ai identifié cinq canaux d'influence majeurs que tout négociateur machiavélien doit maîtriser :

- **La légitimité** - Fondée sur des normes, des valeurs ou des précédents reconnus par votre interlocuteur. Invoquer un principe d'équité dans un contexte français, où cette valeur résonne profondément, peut s'avérer particulièrement efficace.

- **La réciprocité** - L'exploitation du sentiment d'obligation généré par un service ou une concession préalable. Cette dynamique, universelle mais particulièrement prégnante dans la culture d'affaires française, crée des leviers d'influence puissants.

- **La rareté** - La valorisation de ce qui semble unique, limité ou difficile d'accès. Un consultant stratégique parisien que je connais excelle dans l'art de présenter ses services comme exceptionnellement exclusifs, renforçant ainsi considérablement sa position négociatoire.

- **L'autorité** - L'appui sur des sources d'expertise ou des références reconnues. Citer les pratiques d'entreprises admirées ou d'institutions respectées amplifie votre influence.

- **L'engagement progressif** - L'obtention de petits accords successifs qui engagent psychologiquement votre interlocuteur vers l'acceptation finale. Cette technique, particulièrement efficace, s'apparente à l'art militaire de gagner du terrain pas à pas.

Le parallèle entre négociation et guerre s'étend également aux phases caractéristiques du processus. Tout comme un conflit militaire, une négociation comprend typiquement une phase préparatoire (collecte de renseignements et planification stratégique), une phase d'engagement (premières propositions et confrontation initiale), une phase de manœuvre (ajustements tactiques et recherche d'avantages positionnels) et une phase de résolution (conclusion d'un accord ou rupture stratégique).

Un patron de PME industrielle que j'accompagnais se trouvait dans une position initiale extrêmement défavorable face à un client représentant 40% de son chiffre d'affaires. En adoptant une approche délibérément inspirée de l'art militaire, nous avons transformé son désavantage apparent. Notre stratégie comportait plusieurs éléments caractéristiques :

- La création d'alliances avec d'autres fournisseurs complémentaires
- La constitution de réserves financières pour résister à une éventuelle rupture temporaire
- Le développement accéléré d'alternatives commerciales
- L'identification précise des vulnérabilités du client
- La préparation soigneuse d'un "plan de bataille" avec timing optimisé

Cette préparation méticuleuse, digne d'un état-major militaire, a complètement renversé le rapport de force et permis d'obtenir un accord nettement plus équilibré.

La dimension "pacifique" de cette guerre négociatoire ne doit pas faire illusion. Si les armes conventionnelles sont absentes, les dommages potentiels restent considérables : pertes financières, opportunités manquées, réputation entachée, stress psychologique intense. J'ai vu des carrières brisées et des entreprises coulées suite à des négociations mal maîtrisées. Cette réalité soulève naturellement des questions éthiques. L'approche machiavélienne signifie-t-elle manipuler sans scrupules ? Absolument pas. La véritable leçon machiavélienne consiste à voir la réalité telle qu'elle est, non telle qu'on voudrait qu'elle soit. Reconnaître les dynamiques de pouvoir en jeu ne signifie pas les exploiter abusivement, mais simplement les intégrer lucidement à votre stratégie.

Ma propre expérience m'a appris qu'un négociateur véritablement machiavélien au sens noble du terme combine une lucidité totale sur les rapports de force avec une éthique personnelle solide. Le cynisme pur produit rarement des succès durables, surtout dans l'écosystème économique français où les relations s'inscrivent généralement dans la durée.

Les applications concrètes de cette vision se déclinent différemment selon votre contexte professionnel. Pour un entrepreneur négociant avec des investisseurs potentiels, elle impliquera une cartographie minutieuse de leurs critères de décision réels (souvent bien différents de ceux affichés). Pour un cadre dirigeant en négociation salariale, elle supposera une analyse rigoureuse des alternatives dont dispose réellement son employeur.

Dans mon cabinet de conseil, j'ai développé un protocole d'analyse des dynamiques de pouvoir et d'influence spécifiquement adapté au contexte français, tenant compte des particularités culturelles qui influencent souvent subtilement les négociations dans notre pays : rapport à la hiérarchie, importance des diplômes et des réseaux, sensibilité aux questions d'honneur et de reconnaissance. Ce cadre analytique permet d'élaborer des stratégies de négociations redoutablement efficaces tout en restant éthiquement irréprochables. Car l'objectif n'est jamais d'écraser l'autre partie mais de maximiser vos chances d'atteindre vos objectifs dans un contexte où vos intérêts ne sont généralement pas spontanément prioritaires pour votre interlocuteur. Concevoir la négociation comme un art de la guerre pacifique transforme profondément votre approche. Vous cessez de percevoir l'exercice comme une simple conversation à enjeux pour l'aborder comme une campagne stratégique complète, exigeant préparation, discipline et vision d'ensemble. Cette posture mentale vous distinguera immédiatement de la majorité des négociateurs, qui abordent le processus de manière bien plus improvisée.

Dans les sections suivantes, nous explorerons comment traduire cette vision stratégique en actions concrètes, en commençant par établir les fondations d'une préparation négociatoire inattaquable.

1.1.2 Établir les fondations d'une stratégie gagnante en définissant clairement ses objectifs ultimes et ses limites infranchissables

Une pluie glaciale battait les vitres de mon bureau quand la dirigeante d'une entreprise française en pleine expansion m'a demandé : "Comment puis-je entrer en négociation sans me faire dévorer vivante ?" Sa question révélait une vérité essentielle : sans fondations solides, même le négociateur le plus brillant s'effondrera au premier assaut. Ma réponse fut simple : "Commencez par définir ce que vous voulez vraiment obtenir, et ce que vous refuserez absolument de céder." Cette clarté stratégique constitue le socle inébranlable sur lequel bâtir toute négociation victorieuse. La définition des objectifs ultimes représente l'acte fondateur de la préparation machiavélienne. Contrairement à la croyance populaire, Machiavel ne prônait pas l'improvisation opportuniste mais une vision claire de la destination finale. Dans mon travail auprès des élites économiques françaises, j'observe régulièrement cette erreur fatale : entrer en négociation avec des objectifs flous, malléables, insuffisamment hiérarchisés. Votre clarté d'objectif vous confère un avantage psychologique décisif face à un adversaire hésitant. La définition précise de vos buts crée une boussole intérieure qui guide vos décisions tactiques lorsque la pression monte. Un collègue de longue date m'a confié un jour : "Je gagne mes négociations avant même d'entrer dans la salle, simplement en sachant exactement ce que je veux obtenir."

La méthode que j'enseigne pour établir des objectifs stratégiques machiavéliens comprend quatre étapes essentielles :

- **L'objectif maximal** - Définissez l'issue idéale, votre ambition la plus haute. Elle oriente votre énergie et établit votre première position. Ce niveau doit rester crédible tout en étant ambitieux.

- **L'objectif cible** - Identifiez le résultat réellement satisfaisant qui constitue votre véritable but. Cette cible représente l'équilibre entre ambition et réalisme que vous visez stratégiquement.

- **L'objectif plancher** - Établissez le minimum acceptable en-dessous duquel vous préférez quitter la table. Cette clarté sur votre seuil de rupture vous protège des concessions excessives.

- **L'objectif caché** - Déterminez ce que vous souhaitez véritablement obtenir mais que vous ne révélerez jamais explicitement. Machiavel comprenait l'importance de masquer certains objectifs pour préserver votre marge de manœuvre.

L'erreur la plus commune consiste à confondre ces différents niveaux d'objectifs. J'ai vu des négociateurs talentueux échouer simplement parce qu'ils avaient annoncé comme position initiale leur véritable objectif cible, s'interdisant ainsi toute concession ultérieure sans paraître en position de faiblesse.

La priorisation rigoureuse de vos objectifs constitue une autre fondation essentielle. Face aux multiples dimensions d'une négociation complexe (prix, délais, garanties, exclusivités, etc.), vous devez établir une hiérarchie claire. Cette priorisation vous permettra d'échanger intelligemment des concessions mineures contre des gains majeurs.

Une méthode efficace pour établir cette hiérarchie consiste à employer la matrice d'importance et d'urgence :

- **Objectifs critiques et urgents** - Points non négociables qui doivent être sécurisés rapidement
- **Objectifs critiques mais moins urgents** - Éléments essentiels pouvant être réglés dans un second temps
- **Objectifs utiles et urgents** - Points désirables avec une fenêtre d'opportunité limitée
- **Objectifs utiles mais non urgents** - Éléments qui améliorent l'accord mais restent négociables

La définition des limites infranchissables représente le contrepoint indispensable à l'établissement des objectifs. Machiavel enseignait aux princes à connaître précisément les frontières de leur pouvoir. De même, le négociateur stratège doit identifier ses lignes rouges absolues, celles dont le franchissement signifierait une défaite stratégique même si l'accord semble avantageux sur d'autres aspects.

Ces limites infranchissables prennent plusieurs formes qu'il convient de distinguer :

- **Limites matérielles** - Seuils économiques ou opérationnels objectifs en-deçà desquels l'accord devient irrationnel (prix plancher, délai maximum, etc.)

- **Limites juridiques** - Contraintes légales, réglementaires ou contractuelles que vous ne pouvez transgresser sans risques majeurs
- **Limites stratégiques** - Positions dont l'abandon compromettrait votre stratégie globale ou créerait des précédents dangereux
- **Limites éthiques** - Principes fondamentaux que vous refusez de sacrifier, quelles que soient les circonstances

La puissance stratégique de ces limites clairement définies réside dans leur capacité à vous protéger contre la tentation des mauvais compromis. Lors d'une négociation particulièrement tendue pour une entreprise française de taille intermédiaire, j'ai vu mon client résister à une offre financièrement attrayante mais qui aurait violé une limite stratégique fondamentale concernant la propriété intellectuelle. Sa clarté intérieure lui a permis de tenir bon et d'obtenir finalement un accord bien plus équilibré. La formalisation écrite de vos objectifs et limites constitue une pratique que j'impose systématiquement à mes clients. Ce document stratégique, que j'appelle la "charte négociatoire", devient votre ancrage mental lorsque la pression monte et que les émotions menacent votre lucidité. Un brillant avocat d'affaires français m'a confié relire sa charte juste avant chaque session critique, comme un rituel de recentrage.

La détermination de votre MESORE (Meilleure Solution de Rechange) complète l'architecture de vos fondations stratégiques. Machiavel insistait sur l'importance de préparer des alternatives viables en cas d'échec du plan principal. Votre force en négociation dépend directement de la qualité de vos options alternatives. Sans MESORE solide, votre détermination à maintenir vos limites infranchissables s'effondrera face à la pression.

Deux erreurs opposées guettent le négociateur concernant ses alternatives :

- La surévaluation romantique de sa MESORE, conduisant à des ruptures prématurées
- La sous-estimation pessimiste de ses options alternatives, menant à des concessions excessives

Le développement actif de votre MESORE avant et pendant la négociation représente un pilier de l'approche machiavélienne. Un fabricant français avec qui je travaille cultive systématiquement des contacts avec plusieurs partenaires potentiels pour chaque négociation importante. Cette pratique renforce considérablement sa position, même lorsque ces alternatives restent moins avantageuses que l'accord principal visé.

La communication stratégique de vos objectifs et limites constitue un art subtil. Machiavel nous enseigne qu'il existe un temps pour la transparence et un temps pour l'opacité. La révélation complète de vos objectifs vous désarme, tandis qu'une opacité totale empêche toute progression vers un accord. L'équilibre réside dans une transparence sélective et progressive, dévoilant certains aspects de vos objectifs tout en préservant votre flexibilité tactique.

Mon expérience m'a révélé l'efficacité d'une approche en trois temps :

- Phase 1 : Présentation d'objectifs généraux avec affirmation claire de vos limites non négociables
- Phase 2 : Révélation progressive de priorités spécifiques en échange d'information équivalente
- Phase 3 : Articulation précise de propositions intégrant vos objectifs cibles à mesure que l'accord se dessine

L'adaptabilité machiavélienne des objectifs représente un paradoxe apparemment contraire à tout ce que j'ai exposé jusqu'ici. Comment concilier fermeté des limites et souplesse tactique ? La réponse réside dans la distinction entre fin et moyens. Vos objectifs ultimes restent fixes, mais les chemins pour les atteindre peuvent et doivent s'adapter aux circonstances changeantes.

L'adaptabilité contrôlée se manifeste de plusieurs façons :

- Reconfiguration créative des composantes de l'accord pour atteindre autrement vos objectifs fondamentaux
- Séquençage tactique permettant d'obtenir certains éléments immédiatement et d'autres progressivement
- Extension du périmètre négociatoire pour inclure de nouvelles variables facilitant les compromis gagnants

Les fondations d'une stratégie gagnante ne se résument pas à une simple liste d'objectifs et de limites. Elles constituent un système dynamique de priorités hiérarchisées, de seuils de rupture, d'alternatives viables et de flexibilité tactique au service d'une vision stratégique claire. Le temps investi dans l'établissement minutieux de ces fondations représente votre meilleur investissement pour les batailles à venir.

Dans la prochaine section, nous explorerons comment développer la virtù du négociateur souverain, cette capacité machiavélienne à allier adaptabilité contextuelle, ruse calculée et force de caractère pour imposer votre volonté stratégique dans l'arène négociatoire.

1.2 Assimiler les Principes Clés pour Préparer le Terrain

1.2.1 Développer la virtù du négociateur souverain en alliant adaptabilité contextuelle, ruse calculée et force de caractère

Le jour où j'ai compris la véritable essence de la *virtù* machiavélienne reste gravée dans ma mémoire. Face à un négociateur redoutable représentant un géant industriel français, j'observais sa capacité à pivoter instantanément entre fermeté implacable et souplesse stratégique. Cette qualité rare, que Machiavel nommait *virtù*, transcende largement notre conception moderne de la "vertu". Elle incarne plutôt cette capacité extraordinaire à imposer sa volonté au chaos des événements, cette alchimie unique entre adaptabilité, ruse et force intérieure. La *virtù* constitue l'attribut cardinal du négociateur souverain. Ce terme italien, souvent mal traduit ou incompris, désigne cette puissance d'agir qui permet au prince machiavélien, et par extension au négociateur d'élite, de façonner activement les circonstances plutôt que de les subir passivement. Ma longue expérience auprès des grands décideurs français m'a montré que cette qualité distinctive sépare invariablement les négociateurs exceptionnels des simples praticiens compétents.

L'adaptabilité contextuelle représente la première composante essentielle de cette *virtù* négociatoire. Elle se manifeste par une intelligence situationnelle aiguë, une capacité à lire instantanément l'environnement et à ajuster sa posture en conséquence. Un dirigeant de PME que j'accompagnais récemment démontrait cette qualité de façon remarquable lors d'une négociation cruciale avec une multinationale. Il modulait subtilement son approche à chaque changement d'interlocuteur, adaptant ton, rythme, niveau de technicité et références culturelles avec une fluidité déconcertante.

Pour développer cette adaptabilité machiavélienne, plusieurs pratiques s'avèrent particulièrement efficaces :

- **L'apprentissage constant des contextes** - Immergez-vous dans des environnements variés pour développer votre répertoire comportemental. J'encourage systématiquement mes clients à négocier dans des cadres culturels différents pour affûter leur sensibilité contextuelle.

- **La lecture dynamique des signaux** - Entraînez-vous à détecter les micro-expressions, les changements subtils dans l'atmosphère d'une salle, les modifications presque imperceptibles du langage corporel. Ces indices révèlent souvent davantage que les mots prononcés.

- **La flexibilité méthodologique** - Maîtrisez plusieurs styles de négociation et sachez quand passer de l'un à l'autre. J'ai développé cette capacité en observant minutieusement des négociateurs d'origines culturelles diverses, des diplomates algériens aux hommes d'affaires scandinaves.

- **L'improvisation structurée** - Cultivez votre capacité à improviser tout en maintenant une cohérence stratégique. Cette compétence s'apparente à celle du musicien de jazz qui crée spontanément tout en respectant l'harmonie fondamentale du morceau.

La ruse calculée constitue la deuxième dimension fondamentale de la *virtù* machiavélienne. Souvent mal interprétée comme pure duplicité, elle représente en réalité l'intelligence stratégique au service d'objectifs légitimes. Machiavel lui-même distinguait la ruse noble, nécessaire à la préservation de l'État, de la tromperie mesquine qui dessert ultimement son auteur. J'ai observé cette ruse vertueuse chez une négociatrice représentant une entreprise française face à un consortium étranger. Sa stratégie consistait à paraître moins préparée qu'elle ne l'était réellement, laissant ses interlocuteurs sous-estimer ses connaissances techniques. Ce voile délibéré lui permettait d'obtenir davantage d'informations et de concessions avant de révéler progressivement sa maîtrise des enjeux.

La ruse machiavélienne en négociation s'exprime principalement à travers quatre prismes :

- **La gestion stratégique de l'information** - Décidez consciemment quelle information révéler, à quel moment, dans quel ordre et avec quel niveau de précision. L'art réside dans la sélection et le timing plutôt que dans le mensonge direct.

- **La création d'illusions de choix** - Structurez vos propositions pour orienter subtilement votre interlocuteur vers l'option que vous privilégiez. Un PDG avec qui je travaillais excellait dans l'art de présenter trois options dont une seule apparaissait réellement viable après analyse.

- **La diversion tactique** - Détournez occasionnellement l'attention vers des points secondaires pour préserver votre position sur les enjeux véritablement cruciaux. Cette technique, quand elle est maîtrisée, permet de remporter des victoires stratégiques sans confrontation frontale.

- **L'ambiguïté constructive** - Utilisez parfois le flou sémantique pour maintenir une marge de manœuvre. Cette pratique, courante dans la diplomatie internationale, s'avère précieuse pour parvenir à des accords-cadres que chaque partie pourra interpréter de façon légèrement différente.

La ruse machiavélienne ne vise jamais la tromperie pour elle-même, mais la création d'un espace stratégique permettant d'atteindre vos objectifs face à des forces potentiellement supérieures. Le négociateur qui maîtrise cette dimension de la *virtù* comprend que la ligne droite n'est pas toujours le chemin le plus efficace entre deux points, particulièrement dans le labyrinthe complexe des intérêts humains.

La force de caractère complète ce triptyque vertueux. Sans elle, l'adaptabilité devient simple girouette et la ruse se dégrade en manipulation stérile. Cette fermeté intérieure permet au négociateur de maintenir son cap stratégique malgré les pressions, les incertitudes et les manœuvres adverses. Cette qualité se manifeste avec éclat dans les moments critiques d'une négociation. J'ai vu un entrepreneur français tenir fermement sa position face à un investisseur américain agressif, refusant poliment mais fermement des conditions qui auraient compromis sa vision à long terme. Sa tranquille détermination a finalement amené l'investisseur à reconsidérer son approche et à formuler une offre plus respectueuse.

La force de caractère machiavélienne s'articule autour de quatre piliers essentiels :

- **La résistance à la pression** - Développez votre capacité à rester calme et lucide face à l'urgence, l'intimidation ou la tension. Les exercices de respiration profonde et la visualisation préalable des scénarios difficiles renforcent cette compétence.

- **La patience stratégique** - Cultivez votre aptitude à attendre le moment opportun, même quand l'inaction semble inconfortable. Un avocat d'affaires exceptionnel que je connais répète souvent : "La pire erreur en négociation est de parler uniquement pour combler le silence."

- **La résilience face aux revers** - Transformez les échecs tactiques en opportunités d'apprentissage sans vous laisser démoraliser. Cette capacité à rebondir distingue les négociateurs d'élite des simples techniciens.

- **La conviction profonde** - Ancrez vos positions dans une vision claire et personnelle qui transcende les fluctuations circonstancielles. Cette authenticité renforce paradoxalement votre capacité à vous adapter tactiquement sans perdre votre boussole stratégique.

L'intégration harmonieuse de ces trois dimensions, adaptabilité, ruse et force, constitue l'essence même de la *virtù* machiavélienne. Comme l'archer qui doit simultanément considérer le vent, ajuster sa visée et maintenir sa concentration, le négociateur souverain orchestre ces qualités dans une danse stratégique complexe. Un directeur commercial avec lequel j'ai collaboré illustre parfaitement cette intégration virtuose. Face à un acheteur particulièrement coriace, il adaptait constamment son approche (écoutant attentivement puis devenant plus assertif selon les phases), utilisait la ruse calculée (révélant stratégiquement certaines contraintes tout en gardant d'autres arguments en réserve) et maintenait une force de caractère impressionnante (refusant fermement certaines concessions malgré la pression). Le résultat : un contrat significativement plus avantageux que prévu initialement.

Pour développer votre propre *virtù* négociatoire, je recommande une approche systématique combinant pratique délibérée et réflexion analytique :

- Analysez vos négociations passées pour identifier vos forces et faiblesses dans chacune des trois dimensions
- Observez attentivement les négociateurs d'exception pour décoder leurs mécanismes d'adaptabilité, leurs techniques de ruse noble et leurs sources de force intérieure
- Expérimentez consciemment de nouvelles approches dans des contextes à enjeux progressifs
- Sollicitez des retours critiques de mentors ou pairs expérimentés pour affiner votre pratique
- Cultivez une bibliothèque mentale de tactiques et stratégies que vous pourrez mobiliser selon les circonstances

Cette *virtù* négociatoire ne s'acquiert pas en un jour. Elle représente plutôt le fruit d'un développement continu, d'une pratique réflexive et d'une conscience stratégique aiguisée. Comme me l'a confié un jour un grand négociateur international : "J'ai mis trente ans à devenir un improvisateur d'exception." La dimension éthique de la *virtù* mérite une attention particulière. Contrairement aux interprétations simplistes, Machiavel ne prônait pas l'amoralité mais plutôt une morale pragmatique orientée vers des résultats tangibles. Le négociateur qui cultive cette vertu au sens machiavélien n'abandonne pas ses principes éthiques fondamentaux mais les applique avec discernement dans un monde où l'efficacité compte autant que l'intention. Dans votre parcours de développement de cette *virtù* négociatoire, gardez à l'esprit que l'objectif ultime reste votre efficacité au service d'intérêts légitimes, non la manipulation pour elle-même. Cette posture vous permettra de naviguer avec assurance dans les eaux souvent troubles des négociations complexes tout en préservant votre intégrité professionnelle et personnelle.

1.2.2 Intégrer l'influence de la fortuna en anticipant les imprévus, en évaluant les risques et en saisissant les opportunités

La scène reste gravée dans ma mémoire. Un dirigeant venait de voir s'effondrer un accord commercial pratiquement conclu lorsqu'un concurrent surgit avec une offre inattendue. Son visage décomposé traduisait l'incompréhension face à ce coup du sort. "Comment aurais-je pu prévoir cela?" me demanda-t-il. Ma réponse fut simple : "Vous ne pouviez pas le prévoir précisément, mais vous auriez dû intégrer l'imprévisible dans votre stratégie." Machiavel nomme cette force capricieuse la *fortuna*, cette déesse antique qui introduit le chaos dans nos plans les mieux établis. La *fortuna* représente tout ce qui échappe à notre contrôle direct dans une négociation : les circonstances externes, les interventions de tiers, les changements de contexte économique ou politique, les imprévus de toute nature. Loin d'être une force mystique, elle incarne cette part d'incertitude inhérente à toute interaction humaine complexe. Le négociateur machiavélien ne la craint pas, mais l'intègre lucidement dans sa vision stratégique. Dans le contexte des négociations, la *fortuna* se manifeste de multiples façons. Un changement soudain de direction à la tête de l'entreprise avec laquelle vous négociez. Une crise géopolitique affectant les marchés. Une fuite d'information modifiant le rapport de force. Un problème personnel touchant votre interlocuteur clé. Autant d'éléments qui peuvent bouleverser en quelques instants l'échiquier négociatoire le plus méticuleusement préparé. La relation entre *virtù* et *fortuna* constitue l'un des piliers de la pensée machiavélienne. Ces deux forces opèrent en permanence dans une dynamique complexe. La *virtù*, cette capacité d'action stratégique que nous avons explorée précédemment, permet de naviguer dans les eaux tumultueuses de la *fortuna*. Machiavel utilise la métaphore du fleuve pour illustrer ce rapport : la *fortuna* ressemble à un fleuve impétueux qui, lorsqu'il déborde, détruit tout sur son passage. Mais par la *virtù*, l'homme prévoyant peut construire des digues et des canaux pour contenir sa fureur.

J'invite les négociateurs à développer trois capacités essentielles face à la *fortuna* :

- **L'anticipation stratégique** - Non pas prédire l'avenir, mais envisager systématiquement les scénarios alternatifs et préparer des réponses adaptées
- **L'évaluation contextuelle continue** - Maintenir une vigilance constante face aux signaux faibles annonciateurs de changements
- **L'agilité tactique** - La capacité à pivoter rapidement lorsque les circonstances évoluent de façon inattendue

L'anticipation stratégique constitue la première ligne de défense face à la *fortuna*. Elle repose sur une méthodologie rigoureuse d'analyse des incertitudes. Une directrice financière exceptionnelle avec qui je collabore régulièrement utilise systématiquement ce qu'elle appelle "la cartographie des contingences" avant toute négociation importante. Cette pratique consiste à identifier :

- Les points d'instabilité potentielle (décideurs pouvant changer, variables économiques fluctuantes)
- Les interventions possibles de tiers (concurrents, régulateurs, médias)
- Les événements externes susceptibles d'influencer la négociation (annonces macroéconomiques, fusions-acquisitions dans le secteur)
- Les vulnérabilités personnelles des acteurs clés (transitions de carrière, enjeux réputationnels)

Pour chacun de ces facteurs de risque, elle développe un plan de contingence spécifique. Cette préparation minutieuse lui a permis, lors d'une négociation critique avec un client étranger, de rebondir instantanément lorsqu'un changement de direction chez ce dernier a remis en question l'accord presque finalisé. Plutôt que de subir ce revers, elle a immédiatement activé son "plan B", préalablement conçu pour ce scénario précis.

La planification préventive représente un investissement stratégique inestimable. Un entrepreneur que j'ai conseillé consacrait systématiquement 20% de son temps de préparation à imaginer les scénarios catastrophes et les opportunités inattendues pouvant surgir durant ses négociations. Cette discipline lui a permis de transformer une crise apparente, lorsqu'un investisseur s'est brutalement retiré, en occasion de restructurer l'accord à des conditions finalement plus avantageuses.

L'évaluation contextuelle continue forme le deuxième pilier de la maîtrise de la *fortuna*. Le négociateur machiavélien ne se contente pas d'une analyse initiale ; il maintient une vigilance de tous les instants pour détecter les évolutions subtiles du contexte. Cette pratique s'articule autour de plusieurs axes :

- Le monitoring des signaux faibles émis par votre interlocuteur (changements subtils de ton, nouvelles priorités émergentes)
- La veille informationnelle sur le secteur et les acteurs pertinents
- L'attention portée aux modifications de l'environnement macroéconomique et réglementaire
- La sensibilité aux dynamiques interpersonnelles évolutives (nouvelles alliances, tensions émergentes)

Un banquier d'affaires réputé pour sa vision stratégique m'a confié consacrer quotidiennement une heure à actualiser sa compréhension du contexte de chacune de ses négociations en cours. Cette discipline lui permet d'identifier précocement les inflexions subtiles pouvant annoncer des changements majeurs. Lors d'une acquisition transfrontalière particulièrement complexe, il a ainsi détecté des signaux presque imperceptibles indiquant un refroidissement de l'enthousiasme chez son interlocuteur, ce qui lui a permis d'ajuster sa stratégie avant même que la situation ne se dégrade ouvertement. Cette vigilance contextuelle s'apparente à ce que les stratèges militaires nomment la "conscience situationnelle" : cette capacité à maintenir une perception actualisée et précise de l'environnement et de ses évolutions potentielles. Elle exige une attention multidirectionnelle et une curiosité insatiable pour les détails apparemment anodins qui peuvent receler des informations cruciales.

L'agilité tactique constitue le troisième élément essentiel face à la *fortuna*. Elle désigne cette capacité à transformer rapidement sa posture en réponse à l'imprévu. Un négociateur que j'ai formé définit cette qualité comme "l'art de danser avec l'incertitude". Cette agilité repose sur trois fondements :

- **La réactivité calibrée** - Répondre rapidement aux évolutions sans surréaction émotionnelle
- **La flexibilité structurée** - Adapter sa tactique tout en préservant ses objectifs fondamentaux
- **La résilience stratégique** - Transformer les obstacles en opportunités par une reconfiguration créative

L'expérience m'a enseigné que cette agilité s'acquiert principalement par l'exposition délibérée à l'incertitude. Les négociateurs exceptionnels que j'ai étudiés partagent souvent un parcours jalonné d'expériences variées qui ont forgé leur capacité d'adaptation. Certains entreprennent même des activités délibérément imprévisibles (arts martiaux, improvisation théâtrale, navigation en solitaire) pour cultiver cette fluidité face à l'inattendu.

La préparation aux imprévus constitue un véritable art stratégique. Au-delà des contingences spécifiques, le négociateur avisé développe une architecture décisionnelle robuste lui permettant de réagir adéquatement quel que soit le scénario. Cette architecture repose sur :

- Des principes directeurs clairement définis qui guident les décisions sous pression
- Des critères de priorisation préétablis pour arbitrer rapidement entre objectifs concurrents
- Une compréhension profonde des limites infranchissables à respecter même en situation de crise
- Un répertoire diversifié d'options tactiques pouvant être mobilisées selon les circonstances

L'évaluation rigoureuse des risques forme une composante essentielle de la relation machiavélienne à la *fortuna*. Contrairement à l'image d'audace téméraire parfois associée à Machiavel, sa pensée prône une prudence calculée face aux aléas. Cette évaluation comporte plusieurs dimensions :

- L'analyse de la probabilité des différents scénarios potentiels
- L'estimation de l'impact de chaque scénario sur vos objectifs
- La quantification de votre capacité à influencer l'évolution des événements
- L'identification des vulnérabilités critiques nécessitant une attention particulière

Un avocat d'affaires que j'accompagne utilise systématiquement une matrice croisant ces quatre dimensions avant toute négociation stratégique. Cette pratique lui permet d'allouer ses ressources d'attention et de préparation proportionnellement aux risques réels plutôt qu'aux menaces perçues.

La saisie opportune des occasions favorables représente l'autre face de la relation à la *fortuna*. Si elle apporte son lot d'obstacles, elle génère également des opportunités inattendues pour le négociateur vigilant. Machiavel insistait sur l'occasion (*occasione*) comme moment propice à l'action décisive. Cette capacité à identifier et saisir les ouvertures fugaces exige :

- Une présence mentale constante, libérée des préoccupations parasites
- Une préparation approfondie permettant de reconnaître instantanément une configuration avantageuse
- Une disponibilité psychologique pour l'action immédiate, sans délibération excessive
- Un courage décisionnel face à l'incertitude résiduelle

La *fortuna* se manifeste différemment selon les contextes négociatoires. Dans les négociations commerciales, elle prend souvent la forme de fluctuations de marché ou d'interventions concurrentielles. Dans les négociations diplomatiques, elle se traduit par des événements géopolitiques ou des reconfigurations d'alliances. Dans les négociations internes aux organisations, elle apparaît à travers les jeux de pouvoir et les réalignements stratégiques. Quelle que soit sa forme, la *fortuna* exige une posture mentale spécifique, que j'appelle la "lucidité proactive". Cette disposition combine l'acceptation réaliste de l'imprévisibilité fondamentale du monde avec la conviction que la préparation et l'action déterminée peuvent influencer le cours des événements en notre faveur.

Le développement d'une relation équilibrée à l'incertitude constitue peut-être l'enseignement le plus précieux de Machiavel pour le négociateur moderne. Ni déni naïf des aléas, ni paralysie anxieuse face à l'imprévisible, la voie machiavélienne consiste à embrasser l'incertitude comme un espace d'opportunités potentielles. Cette relation mature à la *fortuna* se cultive par une pratique réflexive continue. Un exercice que je recommande systématiquement consiste à analyser rétrospectivement les négociations passées pour identifier les manifestations de la *fortuna* et évaluer votre capacité à y répondre adéquatement. Cette pratique développe progressivement une intuition stratégique face à l'incertitude, qualité distinctive des négociateurs d'exception.

L'intégration harmonieuse de la *virtù* et de la gestion de la *fortuna* constitue l'art suprême du négociateur machiavélien accompli. Ces deux dimensions se complètent et se renforcent mutuellement dans une danse stratégique subtile. La maîtrise de cette danse vous distinguera radicalement des négociateurs ordinaires, prisonniers d'une vision linéaire et mécanique des interactions humaines.

2. Déployer des Techniques d'Analyse Stratégique Redoutables

Le soleil se couchait sur la salle de conférence parisienne tandis que deux équipes se faisaient face, visiblement épuisées après huit heures de négociations tendues. J'observais silencieusement la scène en tant que conseiller de l'une des parties. À la surprise générale, mon client proposa soudain une solution que personne n'avait envisagée, restructurant complètement les termes du débat. Son opposant, pris au dépourvu, accepta presque instantanément. Plus tard, dans le taxi nous ramenant à nos bureaux, je lui demandai comment il avait conçu cette approche brillante. Sa réponse résonne encore dans mon esprit : "J'avais analysé ses besoins réels bien avant notre rencontre. Je ne négociais pas avec ses mots, mais avec sa psychologie." Cette anecdote illustre parfaitement le pouvoir transformateur de l'analyse stratégique en négociation. Nous abordons maintenant le cœur battant de la méthode machiavélienne - ces techniques d'analyse redoutables qui distinguent le négociateur d'élite du simple praticien. Comme un maître d'échecs qui anticipe plusieurs coups d'avance, le négociateur stratégique cartographie minutieusement le terrain avant de s'y engager. L'art de l'analyse stratégique en négociation représente bien plus qu'une simple collecte d'informations. Il s'agit d'une véritable radiographie de la situation, permettant de voir au-delà des apparences et des déclarations officielles pour déceler les véritables motivations, contraintes et rapports de force. Dans mon travail auprès des élites économiques françaises, j'ai constaté que cette dimension analytique constituait invariablement le facteur de différenciation entre négociateurs ordinaires et exceptionnels.

Machiavel lui-même soulignait l'importance cruciale de cette connaissance approfondie. Dans le chapitre XIV du Prince, il affirme : "Un prince doit donc n'avoir d'autre objet, d'autre pensée, ni prendre autre chose pour son art, que la guerre, les institutions militaires et leur discipline." Transposée au contexte de la négociation, cette maxime nous rappelle que la préparation analytique n'est pas un simple préalable mais le fondement même de toute stratégie victorieuse.

Le pouvoir de l'analyse stratégique se manifeste à plusieurs niveaux interdépendants que nous explorerons en profondeur dans ce chapitre. Il vous permettra de :

- Décrypter avec précision le profil psychologique de vos interlocuteurs
- Cartographier l'environnement global dans lequel s'inscrit votre négociation
- Identifier les véritables sources de pouvoir et leviers d'influence
- Déterminer rigoureusement vos options de repli et points de rupture

Chacune de ces dimensions analytiques requiert des techniques spécifiques que j'ai affinées au fil de ma carrière dans les plus hautes sphères de la négociation. Ces méthodes vous permettront de transformer radicalement votre approche et vos résultats.

L'analyse psychologique constitue peut-être la dimension la plus subtile et la plus puissante de cet arsenal. Un dirigeant d'entreprise exceptionnel que j'ai formé m'a confié un jour : "Depuis que j'ai appris à lire les motivations cachées de mes interlocuteurs, je n'ai plus l'impression de négocier à l'aveugle. Chaque geste, chaque hésitation, chaque formulation me révèle des informations précieuses." Cette capacité à décoder les comportements, à identifier les schémas de pensée et à anticiper les réactions émotionnelles vous confère un avantage décisif.

La psychologie humaine, malgré son infinie complexité, présente des constantes que le négociateur avisé peut apprendre à reconnaître et à exploiter éthiquement. Les travaux contemporains en psychologie comportementale et en neurosciences confirment d'ailleurs nombre d'intuitions machiavéliennes sur les ressorts de la motivation humaine. Les techniques que je vous présenterai intègrent ces découvertes scientifiques pour vous offrir une compréhension profonde de vos interlocuteurs.

L'analyse contextuelle forme le second pilier de cette approche stratégique. Une négociatrice brillante avec qui je collabore régulièrement m'expliquait sa méthode : "Je ne me contente jamais d'analyser la personne en face de moi. Je cartographie l'ensemble des forces en présence, les contraintes organisationnelles, les enjeux politiques, les alliances tacites. C'est souvent dans ces dimensions cachées que se trouve la clé d'une négociation réussie." La vision myope qui se limite aux interlocuteurs directs manque invariablement les influences cruciales qui détermineront l'issue des discussions. Les parties visibles à la table des négociations ne représentent souvent que la pointe de l'iceberg. Les véritables décideurs, les contraintes non exprimées, les agendas parallèles exercent une influence déterminante que vous devez impérativement cartographier.

L'analyse des rapports de force constitue la troisième dimension essentielle. Machiavel nous enseigne que le pouvoir repose rarement là où il semble résider au premier abord. Le négociateur stratégique doit développer une vision lucide des sources réelles d'influence et de contrainte pour chacune des parties impliquées. Un avocat d'affaires particulièrement redoutable m'expliquait sa philosophie : "Le pouvoir en négociation n'est pas une question de titre ou de taille d'entreprise. Il réside dans la dépendance relative des parties l'une envers l'autre."

L'analyse des interdépendances vous permet d'identifier précisément vos leviers d'action et de pression. Elle révèle également les vulnérabilités et points forts de votre position, information cruciale pour orienter votre stratégie. La cartographie du pouvoir inclut l'analyse des ressources critiques, des alternatives disponibles et des réseaux d'influence mobilisables par chacun des acteurs impliqués.

La détermination stratégique de votre MESORE (Meilleure Solution de Rechange) complète cet arsenal analytique. Un entrepreneur que j'ai accompagné me confessait : "Comprendre que ma force en négociation dépendait directement de la qualité de mes alternatives a transformé mon approche. Je consacre désormais autant d'énergie à développer mes options de repli qu'à préparer la négociation principale." Votre lucidité sur vos alternatives, couplée à une évaluation réaliste de celles de votre interlocuteur, détermine largement le rapport de force réel. La capacité à fixer scientifiquement votre point de rupture vous protège contre les mauvais accords tout en vous donnant la confiance nécessaire pour tenir fermement vos positions essentielles.

Les bénéfices concrets d'une analyse stratégique rigoureuse se manifestent à chaque étape du processus négociatoire :

- En phase préparatoire, elle vous permet d'élaborer une stratégie sur mesure plutôt que d'appliquer des recettes génériques
- Pendant la négociation, elle vous donne la clairvoyance nécessaire pour interpréter correctement les signaux et adapter vos tactiques
- Lors des moments critiques, elle vous fournit la confiance nécessaire pour prendre des décisions audacieuses mais calculées
- Dans le suivi post-négociation, elle vous aide à consolider vos gains et à préparer les confrontations futures

La dimension éthique mérite ici une attention particulière. L'analyse stratégique machiavélienne vise la compréhension lucide des réalités, non la manipulation malhonnête. La connaissance approfondie de votre interlocuteur et du contexte vous permet d'identifier des solutions mutuellement bénéfiques que vous n'auriez jamais envisagées autrement. Elle transforme souvent des situations apparemment antagonistes en opportunités de collaboration fructueuse. La pratique régulière de ces techniques d'analyse développe progressivement une intuition stratégique qui deviendra votre atout le plus précieux. Un banquier d'affaires formé à ma méthode me confiait : "Au début, j'appliquais consciemment vos grilles d'analyse. Aujourd'hui, cette lecture stratégique est devenue une seconde nature, presque instantanée."

Les prochains chapitres vous guideront pas à pas dans l'acquisition et la maîtrise de ces techniques d'analyse redoutables. Nous commencerons par le décryptage psychologique de vos interlocuteurs, cette capacité à lire entre les lignes de leurs comportements pour identifier leurs véritables motivations et vulnérabilités. Nous explorerons ensuite l'art de cartographier l'environnement global de la négociation, avec ses alliances cachées et ses enjeux non exprimés.

2.1 Décrypter l'Adversaire et le Contexte Global de Négociation

2.1.1 Analyser le profil psychologique des interlocuteurs en observant leurs comportements, leurs motivations et leurs faiblesses potentielles

Un silence révélateur s'installa dans la salle de réunion lorsque mon client prononça une phrase apparemment anodine sur les délais de livraison. Son interlocuteur, pourtant impassible jusque-là, trahit son inquiétude par un infime plissement des yeux et un léger réajustement de sa posture. Ce micro-signal me confirma l'hypothèse que j'avais formulée après une observation minutieuse : les contraintes temporelles constituaient son point faible. Cette information devint notre levier principal pour renégocier avantageusement les conditions financières. Le mystère de la psychologie humaine venait, une fois de plus, de livrer ses secrets à qui savait les décrypter. L'analyse psychologique de vos interlocuteurs représente sans doute l'arme la plus puissante dans l'arsenal du négociateur machiavélien. Cette compétence, que j'ai développée au fil de milliers d'heures d'observation et d'analyse, transforme radicalement l'issue des négociations. Car connaître l'autre, c'est déjà tenir entre vos mains les clés de son comportement futur.

La typologie comportementale constitue le premier niveau d'analyse que je vous invite à maîtriser. Bien que chaque individu reste unique, des profils récurrents émergent clairement dans le contexte négociatoire. J'ai identifié six archétypes fondamentaux que vous rencontrerez régulièrement :

- **Le Dominateur** - Ce profil cherche à établir sa supériorité dès les premiers instants. Il utilise l'intimidation, l'impatience et parfois l'agressivité comme tactiques d'influence. Sa faiblesse réside souvent dans son besoin de reconnaissance et sa crainte secrète d'être démasqué.

- **L'Analyste** - Méthodique et détaillé, ce négociateur privilégie les faits et les chiffres aux émotions. Sa lenteur décisionnelle et son besoin de certitude absolue constituent ses points vulnérables.

- **Le Conciliateur** - Orienté vers la relation, il cherche l'harmonie et craint le conflit. Sa préoccupation excessive pour le consensus peut être exploitée par un négociateur avisé.

- **L'Expressif** - Enthousiaste et visionnaire, il s'attache aux grandes idées plus qu'aux détails. Son impatience et sa tendance à négliger les aspects pratiques créent des ouvertures stratégiques.

- **Le Stratège** - Calculateur et patient, il planifie plusieurs coups d'avance. Sa rigidité face aux imprévus peut devenir son talon d'Achille.

- **Le Politique** - Expert en réseaux d'influence, il pense constamment aux implications de pouvoir. Sa dépendance aux alliances représente sa vulnérabilité principale.

Je me souviens d'une directrice commerciale qui m'a rapporté s'être trouvée face à un "Dominateur" classique lors d'une négociation cruciale. Plutôt que d'entrer dans un rapport de force direct, elle a délibérément adopté une posture de respect admiratif tout en maintenant fermement ses positions sur le fond. Cette approche, qui nourrissait le besoin d'ego de son interlocuteur tout en préservant ses intérêts substantiels, a désamorcé l'agressivité habituelle du personnage.

Les motivations profondes forment la seconde couche d'analyse psychologique. Au-delà des objectifs officiellement exprimés, chaque négociateur poursuit des buts personnels, souvent inconscients, qui déterminent ses véritables lignes rouges et zones de flexibilité. J'ai développé une grille d'analyse permettant d'identifier ces motivations cachées :

- **Sécurité et stabilité** - Certains négociateurs privilégient la réduction du risque au-dessus de tout, même si cela implique de renoncer à des gains potentiels. Identifiez ce profil par sa recherche constante de garanties et de précédents.

- **Reconnaissance et statut** - D'autres sont principalement motivés par l'image qu'ils projettent et la valorisation de leur rôle. Pour eux, la validation sociale de l'accord compte parfois plus que ses termes exacts.

- **Contrôle et pouvoir** - Cette motivation se manifeste par un besoin impérieux de maîtriser le processus et d'imposer ses conditions, parfois au détriment de l'intérêt objectif.

- **Innovation et stimulation** - Certains recherchent avant tout la nouveauté et l'originalité dans les solutions proposées. L'ennui représente leur pire ennemi en négociation.

- **Harmonie et appartenance** - La qualité relationnelle et l'acceptation par le groupe peuvent primer sur les résultats concrets pour ces profils.

- **Accomplissement et excellence** - La performance et les résultats mesurables motivent profondément ce type de négociateurs, souvent prêts à sacrifier d'autres aspects pour atteindre des objectifs quantifiables.

La connaissance approfondie de cette cartographie motivationnelle vous permet de formuler des propositions sur mesure qui résonnent avec les besoins profonds de votre interlocuteur. Un client dirigeant une PME industrielle hésitait à signer un contrat important. Mon analyse révéla que sa réticence provenait non pas des conditions financières, mais d'une motivation profonde de contrôle. J'ai alors restructuré la proposition pour inclure des clauses de révision périodique lui donnant un sentiment accru de maîtrise, ce qui débloqua immédiatement la situation.

Les styles cognitifs constituent le troisième axe d'analyse psychologique. La manière dont votre interlocuteur traite l'information influence directement sa réceptivité à vos arguments et propositions. J'ai identifié quatre styles dominants à reconnaître :

- **Le Synthétique** - Il appréhende l'information de façon globale, par grandes images. Présentez-lui d'abord le cadre général avant de descendre dans les détails.

- **L'Analytique** - Il procède par décomposition méthodique des problèmes. Structurez vos arguments de façon séquentielle et logique pour le convaincre.

- **Le Pragmatique** - Orienté vers l'action concrète et immédiate, il s'impatiente des considérations théoriques. Mettez l'accent sur les applications pratiques et les bénéfices tangibles.

- **L'Intuitif** - Il fait confiance à ses impressions et décide souvent sur des critères non rationnels. L'émotion et la relation personnelle jouent un rôle crucial dans sa prise de décision.

Une négociatrice que j'ai formée adapte systématiquement sa communication au style cognitif de son interlocuteur. Face à un analytique, elle déploie des argumentaires structurés, chiffrés et documentés. Face à un intuitif, elle privilégie les métaphores évocatrices et les récits engageants. Cette flexibilité lui permet d'établir un rapport de confiance bien plus rapidement que ses concurrents.

Les signaux non-verbaux vous livrent des informations précieuses sur l'état interne de votre interlocuteur. J'ai développé une méthode d'observation systématique ciblant quatre catégories de signaux :

- **Les micro-expressions faciales** - Ces manifestations fugaces (moins d'une seconde) trahissent les émotions réelles avant que le masque social ne se remette en place. Un plissement du coin des yeux ou un infime mouvement des lèvres peut révéler une réaction de mécontentement subtilement masquée.

- **La posture corporelle** - L'orientation du corps, la tension musculaire et la position relative des membres communiquent des informations cruciales sur le niveau d'engagement ou de résistance.

- **Les gestes adaptateurs** - Ces mouvements inconscients (se toucher le visage, réajuster ses vêtements, manipuler des objets) apparaissent typiquement en situation de stress ou de conflit intérieur.

- **Les modulations vocales** - Les variations de timbre, de rythme et de volume dévoilent souvent l'état émotionnel réel sous le contenu verbal officiel.

Un dirigeant d'entreprise que j'ai conseillé a complètement transformé sa capacité de négociation en apprenant à décoder ces signaux. Lors d'une session particulièrement tendue avec un investisseur étranger, il a détecté une série de micro-expressions d'intérêt malgré un discours verbal négatif. Cette observation lui a donné la confiance nécessaire pour maintenir sa position, conduisant finalement à un accord aux conditions bien plus favorables que prévu.

Les faiblesses potentielles représentent le dernier volet de cette analyse psychologique. Chaque négociateur présente des vulnérabilités spécifiques qui, une fois identifiées, offrent des leviers d'action stratégiques :

- **Les biais cognitifs** - Des distorsions de jugement comme l'ancrage, l'aversion à la perte ou le biais de confirmation influencent systématiquement les décisions.

- **Les besoins d'ego** - La vanité, la recherche de validation ou la crainte de perdre la face constituent des points d'entrée psychologiques puissants.

- **Les contraintes temporelles** - La pression du temps affecte différemment chaque profil, créant des opportunités tactiques.

- **Les insécurités professionnelles** - Les doutes sur la légitimité ou les compétences engendrent des comportements compensatoires prévisibles.

- **Les conflits de loyauté** - Les tensions entre intérêts personnels et mandats organisationnels créent des fissures exploitables.

J'ai récemment accompagné un entrepreneur dans une négociation avec un groupe international. L'analyse psychologique révéla chez le négociateur adverse une insécurité professionnelle marquée, compensée par une attitude particulièrement rigide. En validant délicatement son expertise et en reconnaissant la pertinence de certaines de ses positions, nous avons progressivement désamorcé sa posture défensive, créant l'espace nécessaire pour introduire nos propositions substantielles.

L'analyse psychologique ne vise pas la manipulation malhonnête. Elle permet plutôt d'ajuster votre approche pour créer un terrain d'échange favorable aux deux parties. La connaissance approfondie de votre interlocuteur vous aide à présenter vos propositions dans un langage qui résonne avec ses valeurs et préoccupations fondamentales. Cette synchronisation psychologique transforme la négociation d'un affrontement en une danse stratégique où chaque mouvement s'harmonise naturellement avec celui du partenaire.

2.1.2 Évaluer l'environnement global de la négociation en identifiant les enjeux cachés, les alliances et les contraintes externes

La porte s'est refermée derrière les négociateurs adverses qui venaient de quitter la salle. Mon client, directeur d'une entreprise française de taille intermédiaire, m'a regardé avec perplexité. "Pourquoi ont-ils soudainement changé leur position sur le prix alors que nous étions prêts à faire des concessions importantes?" Sa question révélait une lacune fondamentale : son analyse s'était limitée aux personnes présentes dans la salle, négligeant complètement l'écosystème complexe dans lequel s'inscrivait cette négociation. Je lui ai alors révélé que leur concurrent principal venait d'annoncer une baisse tarifaire significative sur un marché adjacent, créant pour eux une pression externe invisible à notre table.

L'analyse psychologique des interlocuteurs, bien que cruciale, ne représente que la partie émergée de l'iceberg stratégique. Le véritable maître négociateur élargit systématiquement son champ de vision pour englober l'environnement global dans lequel s'inscrit la confrontation. Cette vision panoramique vous permet d'identifier les forces invisibles qui façonnent la négociation et souvent déterminent son issue.

L'environnement négociatoire se compose de multiples dimensions interconnectées, formant un système dynamique que vous devez cartographier avec précision. Pour vous guider dans cette exploration stratégique, j'ai développé une méthodologie d'analyse en cinq dimensions que j'appelle le "Pentagone Contextuel" :

- **L'écosystème organisationnel** - Les structures formelles et informelles des organisations impliquées, leurs cultures, processus décisionnels et tensions internes
- **Le paysage concurrentiel** - Les acteurs directs et indirects dont les actions influencent les positions négociatoires
- **L'environnement réglementaire et juridique** - Les contraintes légales, normes sectorielles et considérations éthiques encadrant la négociation
- **Le contexte économique et financier** - Les réalités budgétaires, pressions de rentabilité et tendances de marché affectant les priorités des parties
- **Les dynamiques sociopolitiques** - Les enjeux de réputation, les attentes des parties prenantes et les considérations médiatiques

Une avocate avec qui je collabore régulièrement m'a confié sa méthode : avant toute négociation complexe, elle consacre deux fois plus de temps à l'analyse de l'environnement global qu'à la préparation des arguments juridiques. Cette approche lui a permis de détecter une opportunité décisive lors d'une restructuration de dette complexe : la maison-mère allemande de son adversaire préparait discrètement une introduction en bourse, créant une pression temporelle invisible qui a complètement inversé le rapport de force en sa faveur.

La cartographie des enjeux cachés constitue la première étape cruciale de cette analyse environnementale. Au-delà des objectifs officiellement déclarés, chaque négociation comporte des motivations sous-jacentes que les parties préfèrent dissimuler. Ces enjeux cachés exercent souvent une influence déterminante mais restent soigneusement masqués. J'ai identifié quatre catégories d'enjeux dissimulés que vous devez systématiquement traquer :

- **Les enjeux stratégiques masqués** - Intentions réelles dépassant la transaction immédiate (acquisition d'expertise, élimination d'un concurrent, création d'un précédent)

- **Les impératifs politiques internes** - Nécessités liées aux équilibres de pouvoir organisationnels (renforcement d'une position personnelle, luttes d'influence départementales)
- **Les considérations de réputation** - Préoccupations d'image et de perception (démonstration de fermeté, satisfaction d'actionnaires activistes)
- **Les contraintes non divulguées** - Limites réelles mais délibérément occultées (restrictions budgétaires, échéances impératives, pressions hiérarchiques)

Un dirigeant d'entreprise technologique a complètement transformé sa négociation avec un fournisseur stratégique après avoir découvert un enjeu caché critique : ce fournisseur cherchait désespérément une référence prestigieuse dans le secteur français pour pénétrer le marché européen. Cette information, obtenue par une analyse méticuleuse de leurs communications publiques et de leur stratégie de développement, lui a permis d'obtenir des conditions financières exceptionnelles en échange d'un engagement d'ambassadeur de marque soigneusement encadré.

L'identification des réseaux d'alliance forme le second pilier de l'analyse environnementale. Les alliances, officielles ou tacites, verticales ou horizontales, façonnent profondément la dynamique négociatoire. Le négociateur machiavélien cartographie systématiquement ces configurations d'influence :

- **Les alliances formelles** - Partenariats contractuels, consortiums, groupements d'intérêt
- **Les alliances informelles** - Relations personnelles, réseaux d'influence, loyautés historiques
- **Les coalitions d'intérêt** - Convergences temporaires, objectifs partagés circonstanciels
- **Les antagonismes structurels** - Oppositions fondamentales, conflits historiques, incompatibilités culturelles

La cartographie précise de ces constellations d'alliances vous permet de détecter des leviers d'influence invisibles pour le négociateur superficiel. Une directrice financière exceptionnelle que j'ai conseillée a identifié une alliance informelle entre deux fournisseurs apparemment concurrents lors d'un appel d'offres majeur. En analysant leurs propositions techniques presque identiques et en détectant des liens capitalistiques discrets via une holding luxembourgeoise, elle a pu restructurer complètement son approche, provoquant une rupture dans cette coalition cachée.

Les contraintes externes représentent le troisième élément crucial de votre analyse environnementale. Chaque partie opère sous un ensemble de limitations externes qui restreignent sa liberté d'action mais qu'elle cherche généralement à dissimuler. L'identification précise de ces contraintes vous confère un avantage stratégique considérable. J'ai développé une grille d'analyse permettant de détecter quatre catégories de contraintes déterminantes :

- **Les contraintes temporelles** - Échéances impératives, fenêtres d'opportunité, cycles budgétaires
- **Les contraintes ressources** - Limitations financières, insuffisances technologiques, déficits d'expertise
- **Les contraintes décisionnelles** - Processus d'approbation complexes, gouvernance fragmentée, besoin de consensus
- **Les contraintes réputationnelles** - Engagements publics antérieurs, positionnements éthiques, image de marque

Un négociateur commercial que j'ai formé a radicalement amélioré sa position en identifiant une contrainte temporelle critique chez son interlocuteur : la fin imminente d'une période fiscale créait une pression invisible pour conclure rapidement. Cette connaissance lui a permis de feindre l'hésitation et d'obtenir des concessions significatives dans les derniers jours du trimestre.

L'analyse des dynamiques multipartites constitue la quatrième dimension essentielle de votre évaluation environnementale. Rares sont les négociations réellement bilatérales ; la plupart impliquent explicitement ou implicitement de multiples parties dont les intérêts s'entrecroisent. Cette complexité crée un jeu d'équilibre délicat que vous devez maîtriser. Les configurations multipartites prennent diverses formes :

- **Les négociations multilatérales explicites** - Plusieurs parties officiellement présentes à la table

- **Les négociations avec influenceurs invisibles** - Décideurs absents exerçant un pouvoir déterminant
- **Les négociations séquentielles interconnectées** - Accords successifs liés par des interdépendances
- **Les négociations parallèles simultanées** - Discussions concomitantes avec impact réciproque

Un avocat d'affaires que j'accompagne a développé une technique particulière pour les négociations multipartites : il crée systématiquement une cartographie tridimensionnelle des positions et intérêts, identifiant visuellement les zones de convergence potentielle entre multiples acteurs. Cette méthode lui a permis de débloquer une négociation immobilière complexe impliquant huit parties aux intérêts apparemment irréconciliables.

La détection des signaux faibles représente la cinquième compétence essentielle dans l'analyse de l'environnement négociatoire. Ces indices discrets, presque imperceptibles, peuvent révéler des évolutions contextuelles imminentes susceptibles de transformer radicalement l'équilibre des forces. Le négociateur stratégique développe une sensibilité particulière à ces signaux précurseurs :

- **Les changements organisationnels subtils** - Réaffectations de personnel, modifications structurelles mineures, évolutions de procédures
- **Les variations de communication externe** - Inflexions de messages publics, modifications de positionnements médiatiques
- **Les anomalies comportementales** - Ruptures de patterns établis, variations inhabituelles de rythme décisionnel
- **Les mouvements périphériques** - Actions sur des marchés adjacents, initiatives dans des domaines connexes

Une stratège en acquisition que j'ai formée a sauvé sa négociation en détectant un signal faible crucial : la discrétion inhabituelle d'un concurrent habituellement très vocal sur ses ambitions d'expansion. Cette anomalie l'a incitée à approfondir son investigation, révélant que ce concurrent préparait une offre concurrente. Cette information lui a permis d'accélérer drastiquement son processus et de sécuriser l'acquisition avant l'intervention du rival.

L'intégration de ces multiples dimensions d'analyse environnementale dans une vision stratégique cohérente représente peut-être le défi le plus complexe du négociateur machiavélien. Les outils traditionnels comme les analyses SWOT ou PESTEL offrent un point de départ utile mais insuffisant. J'ai développé avec mes clients les plus exigeants une approche cartographique dynamique que nous appelons la "Matrice d'Interconnexions Stratégiques". Cette méthodologie vous permet de visualiser les interactions entre les différentes dimensions contextuelles et d'identifier les points de levier systémiques où une action ciblée peut générer des effets multiplicateurs. Sa mise en œuvre a transformé des négociations apparemment bloquées en opportunités stratégiques majeures pour mes clients les plus visionnaires. La maîtrise de l'analyse environnementale requiert une discipline quotidienne et une curiosité intellectuelle insatiable. Les négociateurs que j'accompagne développent progressivement une sensibilité contextuelle quasi intuitive, capable de détecter instantanément les configurations favorables ou menaçantes. Cette compétence s'affine par la pratique délibérée et la réflexion systématique sur vos expériences négociatoires.

Dans la section suivante, nous explorerons comment transformer cette compréhension globale en stratégie concrète en identifiant précisément les sources réelles de pouvoir dont dispose chaque partie. Cette cartographie des leviers d'influence vous permettra de dépasser les apparences pour manipuler les véritables forces en présence.

2.2 Cartographier les Rapports de Force et les Leviers d'Action

2.2.1 Identifier les sources réelles de pouvoir de chaque partie en analysant les ressources critiques, les dépendances mutuelles et les réseaux d'influence

Les regards stupéfaits des dirigeants m'ont frappé lorsque j'ai désigné le véritable détenteur du pouvoir dans la salle. Ce n'était pas le PDG au costume impeccable ni le directeur financier aux chiffres implacables, mais cette femme discrète assise au bout de la table, rarement consultée mais jamais contredite. Son pouvoir ne dérivait d'aucun titre officiel mais de son contrôle absolu sur les relations avec le principal client du groupe. Cette révélation a instantanément transformé notre stratégie négociatoire. Le pouvoir réel se cache rarement là où les organigrammes le placent. L'identification précise des véritables sources de pouvoir constitue peut-être la compétence analytique la plus précieuse du négociateur machiavélien. Car le pouvoir en négociation se révèle toujours plus complexe, plus fluide et plus dispersé qu'il n'y paraît initialement. Mon expérience auprès des élites françaises m'a enseigné que cette cartographie lucide des leviers d'influence détermine souvent l'issue des confrontations bien avant les premiers échanges verbaux. L'erreur fondamentale des négociateurs novices consiste à confondre pouvoir apparent et pouvoir réel. Le premier dérive des titres, des postures et des symboles visibles. Le second émerge des ressources critiques, des dépendances structurelles et des réseaux d'influence. Ce pouvoir substantiel, souvent invisible aux yeux non exercés, mérite une analyse méthodique que j'ai codifiée au fil de ma pratique.

La première étape de cette cartographie consiste à identifier les ressources critiques contrôlées par chaque partie. Ces ressources dépassent largement le cadre financier pour englober une constellation d'atouts stratégiques :

- **Les ressources tangibles** - Capital financier, actifs physiques, technologies propriétaires, brevets, données exclusives, capacités de production, canaux de distribution

- **Les ressources intangibles** - Réputation, légitimité, crédibilité, expertise spécialisée, intelligence commerciale, temps disponible, résilience émotionnelle

- **Les ressources positionnelles** - Position de marché, relations clients, ancrage historique, statut réglementaire privilégié, avantage concurrentiel durable

- **Les ressources relationnelles** - Alliances stratégiques, réseaux d'influence, connexions politiques, confiance accumulée, capital social

Une dirigeante formée aux techniques d'analyse machiavélienne a complètement transformé sa négociation avec un fournisseur clé en cartographiant précisément leurs ressources critiques respectives. Sa découverte révélatrice ? Si son entreprise dépendait financièrement de ce partenaire, celui-ci avait investi massivement dans une technologie spécifiquement adaptée à leurs besoins, créant une dépendance mutuelle bien plus équilibrée qu'elle ne l'avait initialement perçue.

La seconde dimension de l'analyse concerne les dépendances mutuelles qui structurent la relation négociatoire. Le négociateur machiavélien évite l'erreur fatale de considérer uniquement sa propre dépendance envers l'autre partie. L'interdépendance crée une dynamique bien plus nuancée qu'une simple relation dominant-dominé. J'ai développé une matrice d'évaluation des dépendances selon quatre axes fondamentaux :

- **La substituabilité** - Dans quelle mesure chaque partie peut-elle remplacer l'autre par des alternatives viables ? Un faible degré de substituabilité génère une forte dépendance.

- **L'urgence temporelle** - L'horizon temporel disponible influence dramatiquement le pouvoir négociatoire. La partie ayant le délai le plus court subit généralement une pression asymétrique.

- **La concentration des enjeux** - L'importance relative de la négociation dans le portefeuille global d'activités de chaque partie. Une forte concentration augmente la vulnérabilité.

- **L'asymétrie informationnelle** - Le déséquilibre dans l'accès à l'information critique crée des zones de dépendance cognitive souvent sous-estimées.

Un avocat particulièrement redoutable avec qui je collabore régulièrement m'a confié sa méthode : avant chaque négociation cruciale, il élabore une cartographie complète des flux de valeur entre les parties, identifiant les points où une interruption créerait le plus de dommage pour chacun. Cette compréhension des vulnérabilités réciproques lui permet de distinguer les menaces crédibles des postures de façade.

Les réseaux d'influence constituent la troisième dimension essentielle de l'analyse des sources de pouvoir. Le négociateur machiavélien comprend que chaque partie opère au sein d'une constellation complexe d'acteurs interconnectés qui exercent une influence déterminante sur ses positions et décisions. J'enseigne à mes clients la méthode "3C" pour cartographier ces réseaux :

- **Cercle décisionnel** - Identifier les véritables décideurs, leurs critères de jugement et leurs processus de validation. Le pouvoir formel coïncide rarement avec le pouvoir décisionnel effectif.

- **Cercle d'influence** - Repérer les conseillers, mentors, experts, partenaires et parties prenantes qui façonnent l'opinion des décideurs, parfois à leur insu.

- **Cercle contextuel** - Analyser les forces externes (régulateurs, actionnaires, concurrents, médias) qui exercent une pression structurante sur l'environnement négociatoire.

Une directrice générale que j'ai accompagnée a brillamment appliqué cette méthode lors d'une négociation tendue avec un groupe industriel majeur. En cartographiant le réseau d'influence de son interlocuteur, elle a identifié un conseiller externe particulièrement écouté, puis a orchestré une rencontre informelle avec ce dernier avant les discussions officielles. Cette démarche lui a permis d'influencer indirectement la position de son adversaire et de créer un terrain plus favorable à ses propositions.

L'analyse des déséquilibres de pouvoir offre une quatrième perspective cruciale. Le pouvoir en négociation n'étant jamais statique ni uniformément réparti, le négociateur avisé identifie les domaines spécifiques de force et de faiblesse relative. Cette cartographie granulaire permet d'élaborer des stratégies de compensation ciblées :

- **Déplacer le terrain** - Orienter la négociation vers les domaines où votre position de force relative est maximale.

- **Recadrer les enjeux** - Reformuler les problématiques pour valoriser vos atouts spécifiques.

- **Agréger les variables** - Combiner stratégiquement différentes dimensions négociables pour équilibrer les rapports de force.

- **Construire des coalitions** - Mobiliser des alliés pour combler vos déficits de pouvoir dans certains domaines.

Un entrepreneur que j'ai conseillé s'est trouvé en position apparemment désespérée face à un investisseur dominant. Notre analyse révéla toutefois un déséquilibre sectoriel fascinant : si l'investisseur possédait une écrasante supériorité financière, mon client détenait une expertise technique irremplaçable dans un domaine émergent. Cette compréhension nous a permis de réorienter entièrement la négociation autour de la valorisation de cette expertise, transformant un rapport de forces initial catastrophique en partenariat équilibré.

La dynamique temporelle du pouvoir forme la cinquième dimension analytique essentielle. Les rapports de force évoluent constamment au fil du processus négociatoire, créant des fenêtres d'opportunité stratégiques que seul le négociateur perspicace saura exploiter. J'ai identifié quatre phases critiques où ces dynamiques méritent une attention particulière :

- **Phase préliminaire** - Les jeux de positionnement initial déterminent souvent le cadre de référence pour l'ensemble de la négociation.

- **Phase exploratoire** - L'échange d'informations modifie progressivement la perception des rapports de force réels.

- **Phase de tension** - Les moments de crise révèlent fréquemment des ressources de pouvoir précédemment invisibles.

- **Phase conclusive** - L'approche de l'échéance finale redistribue souvent les cartes du pouvoir de façon surprenante.

Une négociatrice que j'accompagne a développé une sensibilité particulière à ces fluctuations temporelles. Lors d'une négociation complexe pour une entreprise technologique française, elle a délibérément retardé certaines concessions, anticipant correctement qu'une évolution réglementaire imminente renforcerait considérablement sa position. Cette patience stratégique lui a permis de négocier finalement en position de force ce qui semblait initialement une faiblesse.

Les leviers de transformation du pouvoir représentent la dimension la plus subtile de cette analyse. Le négociateur machiavélien ne se contente pas d'évaluer passivement les rapports de force existants ; il cherche activement à les modifier en sa faveur. Cette capacité transformative repose sur plusieurs mécanismes que j'ai systématisés :

- **Création de valeur nouvelle** - Développer des ressources ou capacités inédites qui modifient l'équation de pouvoir.

- **Restructuration des dépendances** - Réorganiser les interdépendances pour améliorer votre position relative.

- **Reconfiguration des alliances** - Modifier activement la constellation des acteurs influents pour créer des coalitions favorables.

- **Innovation procédurale** - Proposer des formats ou processus négociatoires qui valorisent vos forces spécifiques.

Un cadre dirigeant particulièrement astucieux que j'ai formé a magnifiquement illustré cette approche transformative lors d'une négociation salariale. Plutôt que d'accepter le cadre traditionnel basé uniquement sur la rémunération fixe, il a proposé une structure innovante combinant un salaire modéré avec une participation significative aux résultats de ses projets. Cette reconfiguration a complètement transformé la dynamique de pouvoir, alignant parfaitement ses intérêts avec ceux de son employeur tout en valorisant son principal atout : sa capacité à générer des résultats exceptionnels.

La maîtrise de ces techniques d'analyse vous distinguera immédiatement des négociateurs ordinaires. Votre capacité à identifier les véritables sources de pouvoir, à cartographier les dépendances mutuelles et à comprendre les réseaux d'influence vous permettra d'élaborer des stratégies négociatoires fondées sur une compréhension authentique des forces en présence, plutôt que sur des suppositions superficielles ou des postures de façade.

2.2.2 Déterminer sa Meilleure Solution de Rechange (MESORE) en évaluant rigoureusement ses options et en fixant son point de rupture

Les quatre mots qui ont sauvé ma carrière résonnent encore dans ma mémoire : "Quelle est votre MESORE ?" Cette question, posée par un mentor expérimenté alors que je m'apprêtais à entrer dans une négociation cruciale sans filet de sécurité, a transformé ma compréhension de l'art négociatoire. Ma préparation méticuleuse des arguments et contre-arguments se révélait soudain incomplète, presque naïve. L'absence d'alternative viable me plaçait dans une position de faiblesse fondamentale que mon interlocuteur aurait instantanément perçue et exploitée. Cette leçon magistrale m'a enseigné qu'une négociation se gagne souvent avant même d'entrer dans la salle, par la qualité de votre solution de repli.

La Meilleure Solution de Rechange, ou MESORE (connue en anglais sous l'acronyme BATNA), constitue votre police d'assurance stratégique. Elle représente ce que vous ferez si la négociation n'aboutit pas à un accord. Ce concept, apparemment simple, recèle une profondeur stratégique que les négociateurs d'exception ont toujours intuitivement comprise. Machiavel lui-même conseillait aux princes de "toujours garder une porte de sortie", reconnaissant que le pouvoir de s'éloigner d'une alliance défavorable constituait un atout diplomatique majeur. L'évaluation rigoureuse de vos options alternatives forme le socle de votre puissance négociatoire réelle. Un entrepreneur français brillant que j'ai conseillé avait développé cette discipline à un niveau remarquable. Avant chaque négociation significative, il consacrait systématiquement un tiers de son temps de préparation à l'identification et au renforcement de ses alternatives. Cette pratique lui permettait d'aborder ses interlocuteurs avec une assurance tranquille que ses concurrents, obsédés par la seule transaction immédiate, ne possédaient jamais.

Le développement d'une MESORE solide s'articule autour d'un processus en quatre phases que j'ai perfectionné au cours de mes années de conseil stratégique :

- **Phase d'identification expansive** - Génération créative et exhaustive de toutes les alternatives possibles en cas d'échec de la négociation principale. Cette étape exige une suspension temporaire du jugement critique pour maximiser le nombre d'options envisagées.

- **Phase d'évaluation objective** - Analyse rigoureuse de chaque alternative selon des critères multidimensionnels : faisabilité technique, viabilité économique, délai d'implémentation, risques associés, alignement stratégique.

- **Phase de développement sélectif** - Renforcement actif des options les plus prometteuses par des actions concrètes, transformant de simples possibilités en alternatives crédibles et immédiatement actionnables.

- **Phase de priorisation stratégique** - Classement final des alternatives viables et détermination de la MESORE définitive qui servira de référence pendant la négociation.

Une directrice financière avec qui je collabore régulièrement m'a confié comment cette méthode lui a permis de quadrupler sa marge de manœuvre lors d'une acquisition stratégique. En développant simultanément trois alternatives crédibles à l'acquisition ciblée, elle a pu négocier avec une sérénité qui a complètement déstabilisé ses interlocuteurs, habitués à des acheteurs émotionnellement investis dans une cible unique.

L'évaluation comparative des alternatives exige une rigueur analytique sans concession. Pour structurer cette analyse complexe, je recommande à mes clients une matrice d'évaluation multicritères comprenant :

- **Critères de performance** - Capacité de l'alternative à répondre aux besoins fondamentaux qui motivent la négociation initiale

- **Critères économiques** - Coûts directs et indirects, retour sur investissement, impact sur la trésorerie

- **Critères temporels** - Délai de mise en œuvre, durabilité de la solution, fenêtre d'opportunité

- **Critères stratégiques** - Alignement avec les objectifs à long terme, synergie avec d'autres initiatives, renforcement de position

- **Critères de risque** - Probabilité et gravité des obstacles potentiels, complexité de mise en œuvre, dépendances critiques

La détermination lucide de votre point de rupture représente l'étape cruciale où l'analyse se transforme en décision stratégique. Ce seuil définit la limite au-delà de laquelle vous préférez activer votre MESORE plutôt que d'accepter l'accord proposé. Un négociateur commercial brillant que j'ai formé utilise une technique particulièrement efficace : il visualise concrètement chaque scénario négociatoire en termes de coûts d'opportunité par rapport à sa MESORE. Cette approche lui permet de prendre des décisions rationnelles même sous pression émotionnelle intense. La méthode du point de rupture dynamique offre une sophistication supplémentaire à cette analyse. Contrairement à l'approche statique qui fixe un seuil unique et immuable, cette technique reconnaît que la valeur relative des alternatives évolue pendant le processus négociatoire lui-même. Un avocat d'affaires particulièrement agile que j'accompagne réévalue systématiquement son point de rupture à trois moments stratégiques :

- **Avant l'engagement** - Point de rupture initial basé sur l'analyse préliminaire des alternatives
- **À mi-parcours** - Ajustement intégrant les nouvelles informations et opportunités révélées durant la négociation
- **En phase finale** - Calibration précise pour les ultimes décisions tactiques

La calibration émotionnelle de votre point de rupture constitue un aspect souvent négligé mais déterminant. Même les négociateurs expérimentés sous-estiment parfois l'influence des biais psychologiques sur leur prise de décision sous pression. J'ai développé pour mes clients les plus exigeants une technique de "pré-engagement rationnel" : ils documentent leur analyse et leur point de rupture avant d'entrer en négociation, créant ainsi un ancrage objectif qui les protège contre les décisions impulsives dictées par l'attachement émotionnel ou la frustration momentanée.

La communication stratégique de votre MESORE représente un art subtil. Machiavel nous rappelle que "la menace ne doit pas être simplement proférée, mais perçue comme crédible". Rendre visible votre alternative sans paraître désespéré de quitter la table constitue un exercice d'équilibre délicat. Un industriel français que j'ai conseillé maîtrisait parfaitement cette nuance : il mentionnait ses alternatives comme des projets parallèles naturels plutôt que comme des menaces explicites, créant ainsi une perception de force sans agressivité. La dynamique comparative des MESORE détermine souvent l'issue réelle d'une négociation. Celui qui dispose de la meilleure alternative détient généralement le véritable avantage, indépendamment des autres facteurs. Un entrepreneur technologique que j'accompagnais semblait initialement en position de faiblesse face à un investisseur puissant. Notre analyse révéla pourtant que cet investisseur avait une MESORE particulièrement faible : il avait déjà communiqué à ses actionnaires son intention d'acquérir une entreprise dans ce secteur précis. Cette connaissance nous a permis d'adopter une position bien plus ambitieuse que la situation apparente ne l'aurait suggéré.

L'amélioration proactive de votre MESORE pendant la négociation constitue peut-être la tactique la plus sophistiquée du négociateur machiavélien. Pendant que vos interlocuteurs se concentrent sur la table principale, vous développez discrètement vos alternatives, renforçant continuellement votre position de repli. Un dirigeant d'entreprise particulièrement astucieux que j'ai formé mène systématiquement des discussions parallèles avec des partenaires alternatifs pendant ses négociations critiques, créant ainsi une pression temporelle favorable sur ses interlocuteurs principaux. La maîtrise de votre MESORE transforme radicalement votre posture psychologique en négociation. La sécurité d'une alternative solide vous libère de l'anxiété qui paralyse tant de négociateurs. Ce calme intérieur, cette absence de désespoir, se perçoit subtilement dans votre langage corporel, votre ton et votre patience tactique. Vos interlocuteurs sentiront cette force sans nécessairement en identifier la source. Un banquier d'affaires exceptionnel que je conseille m'a confié : "Je n'ai jamais aussi bien négocié que lorsque j'étais sincèrement prêt à me lever et partir."

Dans notre prochain chapitre, nous explorerons comment détecter et exploiter les vulnérabilités stratégiques, tant les vôtres que celles de votre adversaire. Cette capacité d'analyse lucide constitue le complément naturel à la maîtrise des rapports de force que nous venons d'étudier.

3. Exploiter Subtilement les Faiblesses Adverses et Propres

Le masque de confiance parfaite du dirigeant s'est fissuré l'espace d'un instant à la mention de son précédent échec commercial. Cette micro-expression fugace m'a suffi pour comprendre sa vulnérabilité profonde. Dans les dix minutes qui ont suivi, j'ai subtilement orienté la conversation vers des solutions garantissant la sécurité de sa réputation personnelle, obtenant en échange des concessions financières substantielles qu'il avait catégoriquement refusées plus tôt. Cet épisode illustre l'essence même de l'art machiavélien de la négociation : transformer la connaissance des faiblesses, les vôtres comme celles de votre adversaire, en levier stratégique décisif. L'exploitation subtile des vulnérabilités forme peut-être le chapitre le plus délicat mais aussi le plus puissant de notre exploration des techniques machiavéliennes. Cette dimension, souvent perçue comme moralement ambiguë, mérite pourtant notre attention la plus rigoureuse. Car là où le négociateur ordinaire voit des obstacles infranchissables, le stratège machiavélien discerne des ressources inexploitées. La tradition martiale japonaise nous enseigne le principe du "ju" : utiliser la force de l'adversaire contre lui-même. Cette sagesse millénaire trouve un écho parfait dans la pensée de Machiavel, pour qui la connaissance approfondie des faiblesses, tant les siennes que celles d'autrui, constituait la pierre angulaire de toute stratégie victorieuse. Mon expérience auprès des négociateurs d'élite m'a convaincu que cette capacité à transformer les vulnérabilités en avantages distingue invariablement les maîtres des simples praticiens.

La nature humaine nous pousse instinctivement à dissimuler nos faiblesses et à traquer celles des autres. Cette posture, bien que naturelle, reste fondamentalement inefficace. Le véritable art stratégique consiste à dépasser cette réaction primitive pour adopter une approche plus sophistiquée : l'orchestration consciente des vulnérabilités dans la symphonie négociatoire. Les dimensions psychologiques et stratégiques s'entrelacent ici avec une complexité fascinante. Un directeur commercial exceptionnel que j'ai formé a développé une capacité remarquable à créer des "vulnérabilités tactiques" chez ses adversaires en exploitant leurs biais cognitifs, leurs insécurités professionnelles et leurs angles morts culturels. Simultanément, il transformait ses propres points faibles en atouts stratégiques par un savant dosage de transparence calculée et de ruse subtile. Le répertoire des techniques d'exploitation des faiblesses s'étend bien au-delà de la simple manipulation psychologique. Il englobe l'utilisation savante des asymétries informationnelles, la conversion des contraintes en opportunités, l'inversion des pressions temporelles et la transformation des préjugés en leviers d'influence. Ce chapitre vous révélera l'éventail complet de ces méthodes, enrichies de cas pratiques tirés de mes années d'expérience dans les hautes sphères de la négociation.

Une mise en garde s'impose néanmoins. L'exploitation des faiblesses représente une arme à double tranchant qui exige une maîtrise parfaite. Utilisée avec finesse, elle conduit à des accords mutuellement satisfaisants où chaque partie trouve son compte. Employée maladroitement, elle génère méfiance et hostilité durables. La différence réside dans votre capacité à distinguer l'exploitation destructrice de l'utilisation constructive des vulnérabilités.

Trois principes fondamentaux structureront notre exploration :

- **La lucidité objective** - L'identification précise et sans complaisance des faiblesses, tant les vôtres que celles de votre interlocuteur
- **La transformation stratégique** - La conversion des vulnérabilités identifiées en atouts négociatoires

- **L'équilibre éthique** - La distinction cruciale entre l'exploitation prédatrice et l'utilisation créative des faiblesses pour construire des accords durables

La première section de ce chapitre vous guidera dans l'identification méthodique des vulnérabilités stratégiques. Vous découvrirez comment mener une auto-évaluation rigoureuse de vos propres faiblesses, exercice que la plupart des négociateurs négligent à leur détriment. Cette connaissance intime de vos zones de fragilité vous permettra de les protéger efficacement ou de les transformer en atouts inattendus.

Parallèlement, vous développerez des compétences avancées pour détecter les vulnérabilités de vos interlocuteurs. Au-delà des techniques d'observation classiques, vous apprendrez à décoder les signaux non-verbaux révélateurs, à analyser les patterns comportementaux et à recueillir stratégiquement des informations cruciales. Une directrice juridique brillante que j'ai accompagnée a complètement transformé son efficacité négociatoire en maîtrisant l'art subtil de la "conversation révélatrice", cette capacité à amener naturellement son interlocuteur à dévoiler ses faiblesses sans éveiller sa méfiance.

La deuxième partie du chapitre vous plongera dans la dimension opérationnelle : comment transformer concrètement ces faiblesses identifiées en avantages compétitifs? Vous découvrirez l'art de la feinte et de la dissimulation stratégique, ces techniques qui permettent de masquer vos intentions véritables tout en créant des illusions tactiques chez votre adversaire. Un négociateur commercial d'exception m'a confié que sa technique préférée consistait à "montrer délibérément certaines faiblesses mineures pour en dissimuler de plus importantes" - stratégie directement inspirée des enseignements de Sun Tzu et Machiavel. Vous apprendrez également à exploiter avec finesse les erreurs et les hésitations de vos interlocuteurs. L'anticipation des vulnérabilités adverses vous permettra de préparer des contre-mesures spécifiques, transformant chaque faux pas de votre opposant en opportunité stratégique. Cette capacité à rebondir instantanément face aux failles adverses distingue les négociateurs d'élite des simples praticiens.

Toutes ces techniques s'inscrivent dans une vision machiavélienne sophistiquée où la ruse ne constitue pas une fin en soi, mais un moyen au service d'objectifs stratégiques légitimes. Comme le soulignait Machiavel lui-même dans "Le Prince" : "Un prince prudent ne peut ni ne doit observer la foi, quand une telle observance tournerait contre lui, et que les raisons qui l'ont déterminé à promettre n'existent plus." Cette vision pragmatique de l'engagement nous rappelle que l'exploitation des faiblesses s'inscrit dans une conception réaliste des rapports humains, particulièrement pertinente dans le contexte négociatoire. L'éthique de l'exploitation des faiblesses mérite une réflexion approfondie. Contrairement aux caricatures, l'approche machiavélienne authentique ne prône pas l'exploitation destructrice mais la lucidité stratégique. La distinction cruciale réside dans votre intention : cherchez-vous à créer de la valeur collective ou simplement à capturer celle d'autrui? Cette nuance fondamentale sépare le négociateur machiavélien éclairé du simple manipulateur. Un avocat d'affaires m'expliquait sa philosophie en ces termes : "J'identifie les faiblesses de mes interlocuteurs non pour les détruire, mais pour créer des solutions qui les transforment en forces partagées." Cette approche sophistiquée illustre parfaitement la dimension constructive de l'exploitation stratégique des vulnérabilités.

Les compétences que vous développerez dans ce chapitre vous permettront de naviguer avec assurance dans la dimension souvent invisible mais décisive de la négociation : le jeu des forces et des faiblesses. Cette maîtrise vous distinguera immédiatement des négociateurs ordinaires, prisonniers de leurs perceptions superficielles et de leurs réactions instinctives. Les techniques que nous explorerons ensemble s'appliquent à tous les contextes négociatoires, de la startup cherchant des financements au grand groupe négociant une fusion-acquisition, du commercial discutant un contrat à l'avocat plaidant pour son client. Elles transcendent les différences sectorielles pour toucher à l'essence même des dynamiques d'influence et de pouvoir.

Dans les sections qui suivent, nous explorerons méthodiquement chaque dimension de cet art subtil. Vous découvrirez comment transformer vos vulnérabilités apparentes en atouts stratégiques cachés, comment détecter puis exploiter les failles adverses avec précision chirurgicale, et comment orchestrer l'ensemble de ces connaissances dans une symphonie négociatoire cohérente et efficace.

Considérez ce chapitre comme votre initiation aux dimensions les plus sophistiquées de l'art négociatoire machiavélien. Ces techniques, maîtrisées par une infime minorité de praticiens d'élite, sont désormais à votre portée. Utilisées avec discernement, elles transformeront radicalement votre efficacité et votre confiance dans toutes vos interactions stratégiques.

3.1 Identifier les Vulnérabilités Stratégiques avec Précision

3.1.1 Détecter ses propres faiblesses objectives en menant une auto-évaluation honnête et en sollicitant des retours critiques constructifs

La scène reste gravée dans ma mémoire. Un directeur commercial brillant venait de perdre un contrat crucial face à un concurrent qu'il avait sous-estimé. Lors de notre débriefing, je lui ai posé une question qui le déstabilisa profondément : "Connaissez-vous vos propres angles morts en négociation ?" Son regard perdu m'a révélé une vérité universelle : la plupart des négociateurs échouent non pas à cause de leurs adversaires, mais à cause de leurs propres vulnérabilités non identifiées. L'identification lucide de ses propres faiblesses constitue paradoxalement l'une des plus grandes forces du négociateur machiavélien. Cette connaissance intime de soi, que les philosophes grecs nommaient déjà "gnōthi seauton" (connais-toi toi-même), représente le fondement invisible mais essentiel de toute stratégie négociatoire victorieuse. Mon expérience auprès des élites de la négociation m'a enseigné que les praticiens d'exception partagent tous cette capacité rare à s'auto-évaluer avec une objectivité presque chirurgicale. La vulnérabilité en négociation prend des formes multiples et souvent insidieuses. Elle peut se manifester comme une faiblesse technique (méconnaissance d'un aspect du dossier), psychologique (susceptibilité à certaines tactiques de pression), relationnelle (difficultés face à certains profils), ou contextuelle (inconfort dans certains environnements). Pour cartographier efficacement ce territoire personnel, j'ai développé une méthodologie d'auto-évaluation structurée que j'applique régulièrement avec mes clients.

Cette méthode s'articule autour de quatre dimensions fondamentales qui demandent chacune une exploration rigoureuse :

- **Vulnérabilités cognitives** - Biais de jugement, angles morts analytiques, zones d'incompétence technique
- **Vulnérabilités émotionnelles** - Déclencheurs de stress, points de sensibilité personnelle, patterns réactifs

- **Vulnérabilités comportementales** - Habitudes contre-productives, automatismes limitants, signaux non-verbaux révélateurs
- **Vulnérabilités relationnelles** - Difficultés avec certains profils, dynamiques interpersonnelles problématiques

Une femme d'affaires avec qui je collabore depuis des années a transformé radicalement son efficacité négociatoire grâce à cette cartographie personnelle. En identifiant sa tendance à céder trop facilement face aux personnalités dominantes masculines (héritage d'une relation paternelle complexe), elle a pu développer des contre-mesures spécifiques qui lui permettent désormais d'exceller précisément dans ces situations auparavant problématiques.

L'auto-analyse rétrospective forme la première pierre de cette démarche d'identification des faiblesses. Cette pratique consiste à examiner méticuleusement vos négociations passées, tant les échecs que les succès, pour y déceler des patterns révélateurs. Je recommande à mes clients une approche en trois temps :

- **L'inventaire factuel** - Recensement objectif des négociations significatives, de leurs contextes et de leurs résultats
- **L'analyse des écarts** - Identification des différences entre objectifs fixés et résultats obtenus
- **L'exploration causale** - Recherche honnête des facteurs personnels ayant influencé ces écarts

Cette démarche exige une rare honnêteté intellectuelle. Un directeur juridique brillant que j'ai accompagné consacrait systématiquement une heure chaque vendredi à cette pratique d'auto-analyse. Sa rigueur lui a permis d'identifier une tendance subtile mais coûteuse à proposer des concessions prématurées lorsqu'il se sentait intellectuellement intimidé par son interlocuteur.

Les outils d'auto-évaluation structurée complètent cette démarche rétrospective. Ils offrent un cadre méthodique pour explorer vos zones de vulnérabilité potentielle. Parmi les instruments que j'ai développés pour mes clients, le "Profil Négociatoire Multidimensionnel" s'est révélé particulièrement efficace. Ce questionnaire explore cinq dimensions critiques :

- **Style décisionnel** - Tendance à la réflexion vs. impulsivité, analyse vs. intuition
- **Tolérance au conflit** - Confort face à la tension, capacité à maintenir sa position sous pression
- **Flexibilité tactique** - Capacité d'adaptation aux changements de contexte ou de stratégie adverse
- **Intelligence émotionnelle** - Conscience et maîtrise de ses réactions émotionnelles
- **Orientation relationnelle** - Focus sur la substance vs. la relation, court terme vs. long terme

Une directrice générale a utilisé cet outil pour découvrir sa vulnérabilité face aux négociateurs très émotifs. Bien que remarquablement compétente sur les aspects techniques et analytiques, elle perdait ses moyens face aux débordements émotionnels, qu'ils soient authentiques ou feints. Cette prise de conscience lui a permis de développer des protocoles de gestion spécifiques pour ces situations.

La recherche active de feedbacks constructifs constitue le troisième pilier de cette démarche d'auto-connaissance stratégique. Nos angles morts personnels restent, par définition, invisibles à notre propre regard. Seul le miroir que nous tendent les autres peut nous les révéler. Cette collecte de retours exige une méthodologie rigoureuse :

- **Diversifier les sources** - Solliciter des perspectives variées (collègues, mentors, collaborateurs, contreparties)
- **Structurer les demandes** - Formuler des questions précises plutôt que générales
- **Créer un contexte sécurisant** - Instaurer un cadre propice à l'honnêteté
- **Écouter activement** - Accueillir les feedbacks sans défensivité ni justification

Un négociateur commercial avait institutionnalisé cette pratique en créant ce qu'il appelait son "conseil des sages" - un groupe de cinq personnes de confiance qu'il consultait régulièrement pour obtenir des retours francs sur ses performances négociatoires. Leur perspicacité lui a révélé une tendance subtile à négliger certains signaux non-verbaux cruciaux lorsqu'il se concentrait intensément sur ses objectifs.

La méthode DESC, que j'ai adaptée spécifiquement au contexte de la négociation, offre un cadre particulièrement efficace pour solliciter et recevoir ces feedbacks. Cette approche structurée permet d'obtenir des retours précis et actionnables :

1. **Décrire** - Présentation factuelle et objective de la situation spécifique
2. **Exprimer** - Invitation à partager sincèrement les observations et perceptions
3. **Suggérer** - Demande de propositions d'amélioration concrètes
4. **Conclure** - Synthèse constructive des apprentissages à intégrer

Cette méthode, déployée avec constance, transforme progressivement les critiques en ressources stratégiques précieuses pour le négociateur désireux de progresser. L'observation par des tiers qualifiés représente une source particulièrement riche d'insights sur vos vulnérabilités. Ces regards extérieurs peuvent détecter des patterns comportementaux ou réactifs qui vous échappent entièrement. Un banquier d'affaires particulièrement brillant que j'ai accompagné a fait l'expérience transformatrice d'une séance d'observation où un expert a analysé sa communication non-verbale durant une négociation simulée. La découverte de micro-expressions révélatrices lorsqu'il se sentait acculé lui a permis de développer des techniques de contrôle facial spécifiques.

La question des biais cognitifs mérite une attention particulière dans ce travail d'auto-évaluation. Ces distorsions systématiques de jugement constituent souvent nos vulnérabilités les plus insidieuses, précisément parce qu'elles opèrent généralement sous le seuil de notre conscience. Les recherches en psychologie comportementale ont identifié plus d'une centaine de ces biais, mais certains s'avèrent particulièrement problématiques en contexte négociatoire :

- **Biais d'ancrage** - Tendance à s'appuyer excessivement sur la première information reçue
- **Biais de confirmation** - Propension à rechercher et favoriser les informations qui confirment nos croyances préexistantes

- **Excès de confiance** - Surestimation de ses connaissances et capacités
- **Aversion à la perte** - Tendance à craindre davantage les pertes que valoriser les gains
- **Effet de halo** - Généralisation d'une qualité positive ou négative à l'ensemble d'une personne ou situation

La cartographie de vos déclencheurs émotionnels forme un autre aspect crucial de cette auto-évaluation stratégique. Chaque négociateur possède des "boutons" psychologiques qui, une fois activés, peuvent compromettre son jugement et ses performances. L'identification précise de ces déclencheurs vous permet de développer des protocoles de protection spécifiques. Une directrice financière particulièrement perspicace que j'accompagne a identifié sa sensibilité aux accusations, même subtiles, d'incompétence technique. Cette prise de conscience lui a permis de développer des techniques de recadrage mental qui neutralisent cette vulnérabilité.

La transformation des faiblesses identifiées en opportunités d'amélioration constitue l'étape finale de ce processus d'auto-évaluation. Une vulnérabilité consciente devient immédiatement moins dangereuse qu'une vulnérabilité ignorée. La connaissance de vos points faibles vous permet de développer trois types de réponses stratégiques :

- **Mesures préventives** - Protocoles pour éviter l'activation de vos vulnérabilités
- **Techniques compensatoires** - Mécanismes pour contrebalancer vos faiblesses par des forces spécifiques
- **Stratégies transformatives** - Approches pour convertir progressivement vos vulnérabilités en atouts

La pratique régulière de l'auto-évaluation constitue une discipline essentielle du négociateur machiavélien accompli. Cette vigilance constante vous permettra d'affiner continuellement votre compréhension de vos propres mécanismes et, par conséquent, d'augmenter votre efficacité stratégique. La connaissance de soi forme le socle invisible mais fondamental de toute maîtrise négociatoire véritable.

3.1.2 Repérer les failles de l'adversaire avec acuité par l'observation attentive, l'écoute active et la collecte d'informations discrètes

Son regard fuyant lorsque j'ai mentionné les délais de livraison m'a révélé tout ce que je devais savoir. Dans cette négociation avec un fournisseur majeur, cette micro-expression fugace m'a offert un avantage stratégique considérable. Plutôt que d'attaquer frontalement sur les prix comme prévu initialement, j'ai réorienté toute ma stratégie vers des garanties contractuelles de respect des échéances. Pris au dépourvu par cette approche inattendue ciblant précisément sa vulnérabilité cachée, mon interlocuteur a concédé des avantages financiers substantiels en échange de délais plus souples. Cette anecdote illustre une vérité fondamentale : la capacité à détecter les faiblesses adverses constitue un art subtil qui transforme radicalement l'équilibre des forces en négociation. L'identification précise des vulnérabilités de votre adversaire représente une compétence stratégique majeure que Machiavel lui-même considérait comme indispensable au prince avisé. "Un esprit sage doit discerner les voies qui conduisent à sa fin", écrivait-il, soulignant l'importance de cette lucidité analytique. Mon expérience avec les négociateurs d'élite m'a prouvé que cette capacité forme la pierre angulaire de toute stratégie victorieuse. La détection des faiblesses adverses s'articule autour de trois compétences distinctes mais complémentaires que nous explorerons méthodiquement : l'observation structurée, l'écoute stratégique et la collecte discrète d'informations. Chacune requiert une pratique délibérée pour atteindre le niveau de maîtrise qui distingue les négociateurs d'exception. L'art de l'observation structurée constitue votre première arme pour identifier les vulnérabilités adverses. Les négociateurs ordinaires voient mais n'observent pas vraiment. Ils captent des signaux sans les interpréter systématiquement. Pour développer cette compétence critique, j'ai élaboré le protocole "VISAGE" (Visualisation, Interprétation, Signification, Analyse, Guidage, Exploitation) que j'enseigne à mes clients les plus exigeants :

- **Visualisation attentive** - Observation méticuleuse des signaux non-verbaux émis par l'interlocuteur, avec une attention particulière aux micro-expressions faciales, aux changements posturaux et aux gestes auto-adaptateurs

- **Interprétation contextuelle** - Mise en relation des signaux observés avec le contexte spécifique de la discussion (thématique abordée, proposition formulée, question posée)

- **Signification émotionnelle** - Décodage de l'état émotionnel sous-jacent révélé par ces signaux (anxiété, inconfort, excitation, doute, intérêt)

- **Analyse des patterns** - Identification des schémas récurrents dans les réactions de l'interlocuteur face à certains sujets ou propositions

- **Guidage conversationnel** - Orientation subtile de la conversation pour confirmer ou infirmer les hypothèses formulées

- **Exploitation stratégique** - Utilisation des vulnérabilités détectées pour adapter sa stratégie négociatoire

Une avocate d'affaires redoutable avec qui je collabore régulièrement excelle particulièrement dans l'observation des "signaux de stress séquentiels" - ces manifestations non-verbales qui apparaissent dans un ordre prévisible lorsqu'un sujet sensible est abordé. Elle m'a confié avoir décelé une faille majeure chez un adversaire qui, systématiquement, réajustait sa cravate puis touchait brièvement son oreille avant de produire un sourire forcé chaque fois que les garanties financières étaient mentionnées. Cette observation structurée lui a permis d'identifier précisément ce point de pression qu'elle a ensuite exploité avec subtilité.

Les indicateurs corporels de vulnérabilité forment un langage universel que le négociateur averti apprend à déchiffrer. Parmi les signaux les plus révélateurs que j'ai pu cataloguer au fil de ma carrière :

- **La constellation du stress** - Dilatation pupillaire, clignements oculaires accélérés, rougissement cutané, transpiration visible, respiration modifiée

- **Les gestes auto-adaptateurs** - Toucher son visage, réajuster ses vêtements, manipuler nerveusement des objets, se gratter

- **Les fuites posturales** - Recul subtil du torse, croisement des bras ou des jambes, orientation du corps vers la sortie

- **Les perturbations vocales** - Variations du timbre, hésitations, pauses non naturelles, accélération ou ralentissement du débit

La grille de lecture corporelle m'a servi d'innombrables fois pour détecter les vulnérabilités cachées de mes interlocuteurs. Lors d'une négociation particulièrement tendue pour une PME française face à un grand groupe, j'ai remarqué que le directeur financier, pourtant impassible en apparence, présentait systématiquement une constellation spécifique de micro-signaux lorsque les clauses de sortie étaient évoquées : léger raidissement du cou, regard momentanément fixe et respiration brièvement suspendue. Cette observation m'a conduit à explorer plus profondément cette piste, révélant finalement des contraintes internes substantielles liées à ce sujet.

L'écoute active stratégique constitue le second pilier de cette méthodologie de détection. Bien au-delà de l'écoute conventionnelle enseignée dans les formations standard, l'écoute machiavélienne vise spécifiquement à déceler les faiblesses et vulnérabilités dissimulées. Cette compétence s'articule autour de plusieurs dimensions clés :

- **L'écoute sélective ciblée** - Attention particulière portée aux hésitations, imprécisions ou contradictions sur certains sujets spécifiques

- **L'écoute des non-dits** - Identification des sujets systématiquement évités ou rapidement contournés par l'interlocuteur

- **L'écoute des modulations émotionnelles** - Détection des variations subtiles de ton, volume ou rythme révélant des zones de sensibilité

- **L'écoute comparative** - Analyse des écarts entre différentes déclarations de l'interlocuteur sur un même sujet

- **L'écoute des motifs récurrents** - Repérage des thèmes, métaphores ou exemples répétitifs trahissant des préoccupations sous-jacentes

Un banquier d'affaires a développé une technique d'écoute qu'il nomme "la cartographie des zones d'ombre" : il note mentalement tous les sujets que son interlocuteur évite, contourne ou traite superficiellement. Cette carte des territoires non explorés lui révèle souvent les vulnérabilités les plus significatives de son adversaire. Lors d'une acquisition majeure, cette approche lui a permis d'identifier une préoccupation non exprimée concernant le maintien de certains dirigeants historiques, devenant ainsi sa principale monnaie d'échange dans les négociations.

Le questionnement stratégique forme un prolongement naturel de cette écoute active. L'art de poser les bonnes questions au bon moment peut révéler des vulnérabilités que même l'observation la plus attentive n'aurait pas décelées. J'ai développé une taxonomie de questions stratégiques particulièrement efficaces pour cette exploration :

- **Questions hypothétiques projectives** - "Comment réagiriez-vous si cette situation se présentait ?" (révèle les inquiétudes profondes)

- **Questions de clarification ciblées** - "Pourriez-vous préciser ce que vous entendez par 'solution acceptable' ?" (expose les zones floues)

- **Questions miroirs amplifiées** - "Si je comprends bien, vous semblez particulièrement attaché à ce point ?" (teste les priorités réelles)

- **Questions alternatives forcées** - "Préféreriez-vous une garantie renforcée ou un prix plus avantageux ?" (oblige à hiérarchiser)

- **Questions de planification temporelle** - "Quel serait votre calendrier idéal pour cette phase ?" (révèle les contraintes cachées)

Cette approche interrogative m'a permis d'identifier une vulnérabilité critique lors d'une négociation commerciale majeure. En posant simplement la question "Comment envisagez-vous la transition entre le fournisseur actuel et nous-mêmes ?", j'ai détecté une hésitation presque imperceptible qui m'a mis sur la piste d'un problème contractuel significatif avec leur prestataire existant. Cette information, validée par des questions de suivi soigneusement formulées, est devenue un levier de négociation déterminant.

La collecte discrète d'informations complète ce triptyque méthodologique. Cette dimension, souvent négligée par les négociateurs conventionnels, implique un travail préparatoire minutieux avant même la rencontre formelle. Elle comprend plusieurs approches complémentaires :

- **L'analyse documentaire approfondie** - Étude méticuleuse des rapports annuels, communications publiques, litiges antérieurs, brevets, publications scientifiques

- **La cartographie relationnelle** - Identification du réseau professionnel de l'adversaire, de ses alliances et rivalités, de ses mentors et protégés

- **Le recueil de témoignages** - Conversations informelles avec d'anciens collaborateurs, clients ou partenaires commerciaux

- **La veille numérique ciblée** - Suivi des profils professionnels, interventions publiques, publications sur les réseaux sociaux

- **L'exploitation de sources ouvertes** - Utilisation stratégique des informations légalement accessibles dans les registres publics, bases de données spécialisées

Cette méthodologie m'a fourni un avantage décisif lors d'une négociation particulièrement complexe. Une analyse approfondie des publications scientifiques d'une entreprise pharmaceutique m'a révélé qu'elle avait récemment réorienté ses recherches vers un domaine thérapeutique spécifique. Cette information, absente de leurs communications officielles, m'a permis de structurer notre proposition commerciale autour de synergies potentielles dans ce nouveau domaine, touchant ainsi une corde sensible que mes concurrents ignoraient complètement.

La triangulation des vulnérabilités représente la synthèse optimale de ces trois approches. Lorsqu'une même faiblesse se manifeste simultanément à travers les signaux corporels, le discours verbal et les informations contextuelles, vous tenez une vulnérabilité stratégique majeure. Un dirigeant d'entreprise particulièrement doué que j'accompagne appelle cela "la confluence des signaux" - ce moment où observation, écoute et informations préalables convergent pour désigner sans ambiguïté une zone de fragilité exploitable. L'exploitation éthique de ces vulnérabilités détectées mérite une réflexion approfondie. La détection n'est pas une fin en soi mais un moyen d'atteindre un accord mutuellement bénéfique. L'approche machiavélienne éclairée que je préconise consiste à utiliser cette connaissance pour créer des propositions qui répondent simultanément à vos objectifs et aux préoccupations profondes de votre interlocuteur, révélées par votre analyse. Cette conception respectueuse et constructive de l'exploitation des vulnérabilités transforme l'art de la négociation d'un simple rapport de force en une ingénierie sophistiquée de solutions adaptées. La pratique délibérée reste la clé du développement de ces compétences de détection. J'encourage systématiquement mes clients à transformer chaque interaction quotidienne en opportunité d'affiner leurs capacités d'observation et d'écoute. L'analyse rétrospective joue également un rôle crucial : après chaque négociation significative, prenez le temps d'examiner quelles vulnérabilités vous avez détectées, lesquelles vous avez manquées et comment vous pourriez affiner votre approche la prochaine fois.

La prochaine section vous dévoilera comment transformer stratégiquement ces vulnérabilités identifiées en avantages négociatoires décisifs, à travers l'art subtil de la feinte et de la dissimulation tactique.

3.2 Transformer les Faiblesses en Avantages Compétitifs Décisifs

3.2.1 Utiliser la feinte et la dissimulation pour masquer ses intentions réelles par des manœuvres tactiques et des diversions astucieuses

Face à un négociateur redoutable qui avait bloqué toutes mes tentatives d'avancer sur le prix, j'ai soudain changé complètement d'angle d'attaque. "Le prix n'est finalement pas mon inquiétude principale", ai-je déclaré avec conviction, "mais plutôt les délais de livraison qui me semblent impossibles à tenir." Mon adversaire, soulagé d'abandonner le sujet épineux du prix, s'est empressé de me rassurer sur sa capacité logistique exceptionnelle, m'offrant même des garanties contractuelles. Lorsque nous sommes revenus sur la question tarifaire une heure plus tard, sa position s'était considérablement assouplie. La feinte avait parfaitement fonctionné. L'art de la dissimulation tactique constitue l'une des compétences les plus subtiles et pourtant les plus décisives du négociateur machiavélien. Cette capacité à masquer vos véritables intentions tout en créant des illusions stratégiques chez votre adversaire peut transformer radicalement l'équilibre des forces en négociation. Machiavel lui-même considérait la ruse comme un outil indispensable au dirigeant efficace, écrivant que "le prince doit être grand simulateur et dissimulateur." Cette maxime s'applique tout autant au négociateur contemporain.

La philosophie machiavélique explore précisément l'art de la dissimulation comme moyen de surmonter les incertitudes et les obstacles. Le Prince machiavélien comprend que le succès dépend souvent de sa capacité à manipuler son image et à cacher ses véritables intentions. Dans le contexte de la négociation moderne, cette approche prend la forme d'une stratégie sophistiquée plutôt que d'une simple tromperie. La feinte stratégique repose sur une compréhension profonde de la psychologie adverse. Une dirigeante d'entreprise brillante avec qui j'ai travaillé excelle particulièrement dans cette dimension. Elle crée délibérément des fausses pistes qui captent l'attention de ses interlocuteurs, détournant leur vigilance de ses véritables objectifs. Cette pratique n'est pas de la manipulation malhonnête, mais plutôt une forme élégante de jeu d'échecs psychologique où l'anticipation des réactions adverses devient un art.

Les techniques de diversion tactique constituent votre premier arsenal dans ce domaine. J'en ai perfectionné plusieurs que j'applique régulièrement avec mes clients :

- **La fausse priorité** - Présenter un objectif secondaire comme votre priorité absolue, attirant ainsi l'attention et les efforts de l'adversaire sur ce point, pendant que vous avancez discrètement sur vos véritables objectifs
- **Le pivotement stratégique** - Changer soudainement de sujet ou d'approche lorsque la discussion s'approche de vos vulnérabilités, redirigeant la conversation vers un terrain plus favorable
- **La concession calculée** - Céder ostensiblement sur un point mineur pour créer l'impression d'une négociation équilibrée, tout en préservant vos positions sur les aspects véritablement importants
- **L'escalade contrôlée** - Susciter une tension momentanée sur un sujet périphérique pour créer une opportunité de résolution qui détournera l'attention de vos objectifs centraux

Un jeune entrepreneur a brillamment utilisé la technique du faux pivot lors d'une négociation cruciale avec un investisseur potentiel. Après avoir délibérément formulé des prétentions secondaires de manière exigeante concernant des clauses contractuelles mineures, il a pu facilement les abandonner plus tard, donnant l'impression d'une grande flexibilité. Cette manœuvre a créé une dynamique favorable pour la discussion des éléments vraiment essentiels : son maintien au contrôle opérationnel de l'entreprise.

La gestion stratégique de l'information forme le second pilier de l'art de la dissimulation. Le négociateur machiavélien comprend que l'information représente un pouvoir considérable, à révéler avec parcimonie et intention. Cette approche s'articule autour de plusieurs principes que j'ai systématisés :

- **Le dévoilement séquentiel** - Révéler l'information par couches successives, chaque révélation créant un contexte favorable pour la suivante
- **La distorsion par omission** - Présenter une vérité partielle qui, sans être mensongère, oriente la perception vers une interprétation favorable
- **La surcharge informationnelle** - Submerger l'adversaire de données secondaires pour noyer les éléments critiques dans un flot d'informations
- **L'ambiguïté constructive** - Maintenir une zone de flou délibérée sur certains aspects pour conserver une flexibilité maximale

Une avocate que j'accompagne utilise la technique de la "Boîte de Pandore" dans ses négociations. Elle intègre délibérément une petite erreur ou omission dans ses propositions initiales. Lorsque son adversaire repère cette "faille" et la corrige, il se sent en position de force et devient moins attentif aux autres aspects du contrat, souvent bien plus importants pour les intérêts de ma cliente.

La création d'écrans de fumée tactiques représente une autre dimension essentielle de cette approche. Le négociateur stratégique excelle dans l'art de créer des diversions qui masquent ses véritables intentions. Cette compétence prend diverses formes :

- **L'objection anticipée** - Soulever soi-même une objection mineure à sa propre proposition pour détourner l'attention des vulnérabilités réelles
- **L'alternative illusoire** - Présenter un éventail d'options dont certaines servent principalement à rendre d'autres plus attrayantes
- **Le faux abandon** - Feindre de renoncer à un objectif pour réduire la vigilance adverse, avant d'y revenir ultérieurement sous une forme différente
- **La complexification délibérée** - Introduire une complexité artificielle dans certains aspects pour masquer la simplicité fondamentale de vos objectifs

Un directeur commercial utilise régulièrement la technique du salami avec une efficacité redoutable. En divisant sa proposition globale en multiples petites parties négociées séparément, il empêche ses interlocuteurs de percevoir le tableau complet. Cette approche lui permet de manipuler les détails dans son intérêt tout en maintenant l'impression d'une négociation équilibrée et transparente.

La maîtrise du timing représente la dimension temporelle de l'art de la dissimulation. Le moment choisi pour révéler vos intentions ou déployer vos manœuvres peut s'avérer aussi crucial que leur contenu. Cette synchronisation stratégique s'organise autour de plusieurs principes :

- **L'accélération soudaine** - Précipiter brusquement la cadence pour forcer des décisions sous pression temporelle
- **Le ralentissement délibéré** - Étirer artificiellement certaines phases pour créer une impatience favorable à vos objectifs
- **L'interruption stratégique** - Suspendre momentanément les discussions à un moment spécifiquement choisi pour créer un effet psychologique précis
- **La synchronisation avec les contraintes externes** - Aligner vos manœuvres avec des échéances extérieures pour amplifier leur impact

Un négociateur immobilier a développé une sensibilité remarquable à ces dynamiques temporelles. Il planifie méticuleusement ses sessions de négociation pour qu'elles culminent juste avant les dates critiques de son interlocuteur (fin de trimestre, échéance de financement, etc.), maximisant ainsi la pression favorable à ses objectifs. Mais attention, l'approche machiavélienne que je préconise ne confond pas stratégie et malhonnêteté. La feinte et la dissimulation représentent des compétences légitimes lorsqu'elles servent un objectif constructif et s'inscrivent dans un cadre respectueux des intérêts fondamentaux des parties. La frontière éthique réside dans l'intention : créer un contexte favorable à la négociation plutôt que tromper destructivement votre interlocuteur.

La pratique de ces techniques exige une préparation méthodique. Un exercice particulièrement efficace que je propose à mes clients consiste à cartographier à l'avance les interactions possibles, identifiant les moments propices aux différentes formes de feintes et diversions. Cette planification préalable vous permet d'appliquer ces techniques avec fluidité et naturel, sans trahir vos intentions par une hésitation révélatrice.

La maîtrise de l'art de la feinte et de la dissimulation transformera radicalement votre efficacité négociatoire. En créant un écran tactique qui masque vos véritables intentions tout en orientant subtilement votre adversaire, vous établirez les conditions optimales pour atteindre vos objectifs stratégiques. Cette compétence, perfectionnée avec pratique et discernement, deviendra l'une de vos signatures en tant que négociateur d'exception.

3.2.2 Exploiter les erreurs et les hésitations de l'adversaire en les anticipant adroitement et en préparant des contre-mesures efficaces

Ses mains tremblotantes trahissaient son malaise dès que nous abordions les clauses de confidentialité. Cet indice corporel subtil m'avait suffi pour comprendre que mon interlocuteur, dirigeant d'une startup concurrente, cachait probablement une faille majeure dans sa proposition de partenariat. En approfondissant stratégiquement cette zone d'inconfort par des questions précises sur la protection de notre propriété intellectuelle, j'ai découvert qu'ils avaient déjà établi un accord similaire avec notre principal concurrent. Cette révélation, obtenue grâce à l'exploitation méthodique d'une simple hésitation, a radicalement transformé notre approche et nous a permis d'éviter un piège commercial potentiellement désastreux. L'art d'exploiter les erreurs et hésitations adverses représente le sommet de la maîtrise négociatoire machiavélienne. Cette capacité à transformer les faux pas de votre interlocuteur en avantages stratégiques décisifs repose sur une combinaison sophistiquée de vigilance constante, d'anticipation lucide et de préparation méthodique. Comme l'écrivait Machiavel lui-même : "Un prince sage doit agir comme les archers prudents qui, voyant leur cible trop éloignée, calculent la hauteur du tir pour atteindre leur objectif." Cette métaphore illustre parfaitement l'essence de l'anticipation stratégique.

La détection précoce des erreurs potentielles constitue la première étape de cette approche. Le négociateur d'exception développe une sensibilité particulière aux signaux annonciateurs de vulnérabilités émergentes. Dans ma pratique quotidienne, j'ai identifié plusieurs catégories d'erreurs récurrentes qui peuvent être systématiquement anticipées et exploitées :

- **Les erreurs de préparation** - Méconnaissance du dossier, lacunes factuelles, chiffres approximatifs ou incohérents, absence de documentation support
- **Les erreurs d'évaluation contextuelle** - Mauvaise lecture des rapports de force, sous-estimation des enjeux externes, ignorance de contraintes réglementaires
- **Les erreurs tactiques** - Révélations prématurées, concessions excessives, positionnements contradictoires
- **Les erreurs relationnelles** - Tensions internes visibles, désaccords avec les collègues, communications maladroites
- **Les erreurs émotionnelles** - Manifestations d'impatience, irritabilité, surconfiance, anxiété visible

Une stratège en négociation commerciale que j'ai formée a développé un système particulièrement efficace pour détecter ces vulnérabilités émergentes. Avant chaque rencontre importante, elle prépare une "matrice de détection" identifiant les zones de fragilité probables de ses interlocuteurs, basée sur leurs historiques négociatoires et leurs contraintes actuelles. Cette préparation lui permet d'orienter subtilement les discussions vers ces territoires sensibles et de capturer instantanément les signaux de faiblesse qui s'y manifestent.

L'anticipation systématique des erreurs adverses représente la seconde dimension de cette approche. Au-delà de la simple détection réactive, le négociateur machiavélien développe une capacité à prévoir les faux pas potentiels de son interlocuteur. Cette compétence prédictive s'articule autour de plusieurs méthodes que j'ai perfectionnées au fil de ma pratique :

- **La cartographie des pressions externes** - Identifier les contraintes temporelles, hiérarchiques ou financières susceptibles de provoquer des décisions précipitées

- **L'analyse des patterns historiques** - Étudier les erreurs récurrentes commises par cet interlocuteur ou son organisation lors de négociations précédentes
- **La modélisation comportementale** - Anticiper les réactions probables face à certaines situations de stress ou d'incertitude
- **Le profilage décisionnel** - Comprendre les biais cognitifs et les angles morts typiques du profil psychologique adverse
- **La simulation de scénarios** - Projeter mentalement différentes trajectoires conversationnelles pour identifier les vulnérabilités potentielles

Un directeur juridique avec qui je collabore régulièrement excelle dans l'anticipation des erreurs liées aux contraintes temporelles. Il programme délibérément certaines négociations critiques à l'approche des périodes de clôture trimestrielle, sachant que ses interlocuteurs subiront alors une pression accrue pour conclure rapidement, les rendant plus susceptibles de commettre des erreurs d'inattention ou de jugement.

La création délibérée d'opportunités d'erreur constitue une dimension plus avancée de cette stratégie. Au-delà de l'attente passive des faux pas adverses, le négociateur machiavélien sophistiqué peut orchestrer subtilement des contextes propices à l'émergence d'erreurs exploitables. Cette ingénierie situationnelle s'appuie sur plusieurs techniques :

- **L'asymétrie informationnelle contrôlée** - Fournir stratégiquement certaines informations tout en en occultant d'autres pour induire des raisonnements incomplets
- **La complexification sélective** - Introduire une complexité artificielle dans certains aspects pour créer des zones de confusion exploitables
- **La surcharge cognitive** - Présenter simultanément plusieurs problématiques pour saturer la capacité d'analyse adverse
- **Les questions piégées** - Formuler des interrogations subtiles qui, selon la réponse, révéleront des vulnérabilités ou créeront des inconsistances
- **L'alternance rythmique** - Varier la cadence de la négociation pour déstabiliser et provoquer des erreurs d'adaptation

Une directrice financière que j'ai conseillée utilise la technique de la "bifurcation inattendue". Au milieu d'une discussion sur un sujet principal, elle introduit soudainement une question connexe mais distincte, créant une transition mentale abrupte qui révèle souvent des réponses non filtrées et des informations précieuses que son interlocuteur n'aurait jamais divulguées dans un contexte plus structuré.

L'exploitation stratégique des erreurs détectées forme la dimension opérationnelle de cette approche. Une fois l'erreur identifiée, le négociateur machiavélien doit savoir en tirer parti avec subtilité et efficacité. J'ai développé un protocole d'exploitation en quatre phases que j'enseigne aux négociateurs d'élite :

1. **La confirmation discrète** - Valider l'erreur sans alerter l'adversaire sur sa découverte
2. **L'évaluation d'impact** - Mesurer rapidement les implications stratégiques de cette vulnérabilité
3. **Le recadrage opportuniste** - Réorienter la discussion pour maximiser la valeur de cette découverte
4. **L'exploitation calibrée** - Utiliser l'information avec une intensité appropriée, sans surréaction contre-productive

Un négociateur commercial a parfaitement appliqué ce protocole lors d'une négociation délicate. Détectant une incohérence entre les chiffres présentés par son interlocuteur et une information publique récente, il n'a pas immédiatement confronté son adversaire. Au lieu de cela, il a subtilement réorienté la conversation vers les projections financières, domaine où cette incohérence créait une vulnérabilité maximale, avant d'exploiter stratégiquement cette faille pour obtenir des conditions contractuelles exceptionnellement favorables.

La gestion des hésitations adverses mérite une attention particulière. Ces moments de doute ou d'incertitude représentent des fenêtres d'opportunité stratégique particulièrement précieuses. Le négociateur avisé développe une sensibilité extrême à ces micro-manifestations d'indécision et une méthodologie pour les exploiter :

- **L'identification des signaux d'hésitation** - Pauses prolongées, regards fuyants, reformulations multiples, gestes auto-adaptateurs, modifications vocales

- **Le questionnement amplificateur** - Techniques d'interrogation qui accentuent et prolongent l'état d'incertitude
- **L'ancrage décisionnel** - Introduction rapide de propositions structurantes dans ces moments de vulnérabilité cognitive
- **Le comblement directif** - Offrir une solution rassurante qui oriente la décision dans le sens souhaité
- **La projection positive** - Aider l'interlocuteur à justifier intérieurement son acceptation d'une proposition favorable à vos intérêts

Un dirigeant d'entreprise a développé ce qu'il appelle "la technique du silence stratégique". Face à une proposition importante, il garde délibérément le silence quelques secondes de plus que ce que les conventions sociales jugent confortable. Ce vide conversationnel crée une tension que son interlocuteur cherche souvent à combler par des précisions supplémentaires ou des améliorations spontanées de son offre initiale, révélant ainsi sa marge de manœuvre réelle.

La préparation de contremesures spécifiques représente l'aspect proactif de cette stratégie. Le négociateur machiavélien anticipe non seulement les erreurs potentielles mais prépare également des réponses tactiques précises pour chaque vulnérabilité anticipée. Cette préparation méticuleuse s'organise comme un véritable arsenal stratégique :

- **Le catalogue de réponses adaptatives** - Répertoire de réactions calibrées pour chaque type d'erreur possible
- **Les scénarios d'exploitation graduelle** - Séquences d'actions progressives pour maximiser la valeur de chaque vulnérabilité
- **Les protocoles de validation croisée** - Mécanismes pour confirmer discrètement les faiblesses détectées
- **Les formules linguistiques préparées** - Expressions précises pour encadrer et exploiter les erreurs sans paraître opportuniste
- **Les propositions alternatives préformulées** - Solutions prêtes à être déployées dans les moments de vulnérabilité adverse

Un avocat d'affaires particulièrement redoutable prépare systématiquement ce qu'il appelle des "cascades de concessions". Pour chaque erreur majeure qu'il anticipe, il élabore une séquence graduée de demandes compensatoires qu'il pourra activer selon la gravité de la faute détectée. Cette préparation méticuleuse lui permet de réagir instantanément et avec une précision chirurgicale à chaque faux pas adverse.

L'équilibre éthique de cette approche mérite une réflexion approfondie. L'exploitation des erreurs adverses, si elle fait indéniablement partie de l'art négociatoire, doit s'inscrire dans une conception constructive et non prédatrice de la négociation. Dans ma pratique, je distingue l'exploitation stratégique légitime (qui révèle des informations pertinentes pour un accord équitable) de l'exploitation opportuniste (qui cherche simplement à maximiser l'avantage unilatéral sans considération pour la viabilité de l'accord). Cette nuance éthique fondamentale sépare le négociateur machiavélien éclairé du simple manipulateur.

La maîtrise des techniques d'exploitation des erreurs et des hésitations transformera radicalement votre efficacité négociatoire. En développant votre capacité à anticiper et exploiter stratégiquement les faux pas adverses, vous accéderez à un niveau supérieur de contrôle sur la dynamique négociatoire. Dans les chapitres suivants, nous explorerons comment ces compétences s'intègrent dans une approche globale de domination psychologique et stratégique des confrontations.

4. Dominer les Confrontations avec une Maîtrise Princière

Le silence glacial qui envahit soudainement la salle de réunion témoignait de la tension extrême. Face à moi, le directeur financier d'un grand groupe français venait de lancer une accusation à peine voilée sur ma proposition commerciale, la qualifiant "d'irréaliste et presque malhonnête". Tous les regards se sont tournés vers moi, guettant ma réaction. Dans ces quelques secondes cruciales, j'ai fait le choix délibéré de respirer profondément, de maintenir un contact visuel ferme mais non agressif, puis de répondre avec une voix posée et légèrement plus basse qu'à l'ordinaire. Cette maîtrise émotionnelle a complètement renversé la dynamique. Mon interlocuteur, visiblement déstabilisé par mon calme face à sa charge émotionnelle, a rapidement adouci sa position. Trois heures plus tard, nous signions un accord largement favorable à mes intérêts. La confrontation représente le creuset où se révèle le véritable négociateur machiavélien. Dans ces moments de tension maximale, la différence entre l'amateur et le maître stratège devient brutalement apparente. Machiavel lui-même écrivait que "les hommes montrent ce qu'ils sont vraiment non dans les temps calmes, mais dans les tempêtes". Cette sagesse révèle pourquoi la maîtrise des confrontations forme le pilier central de toute négociation d'exception. L'univers de la confrontation négociatoire contient des dimensions plus subtiles qu'il n'y paraît. Le négociateur ordinaire perçoit la confrontation comme un simple affrontement de volontés ou un échange d'arguments contradictoires. Le maître stratège, lui, comprend qu'il s'agit d'une dynamique psychologique complexe où se jouent des enjeux de pouvoir, de statut, d'émotions et de perceptions. Cette compréhension profonde transforme l'approche des situations tendues.

La préparation psychologique aux confrontations forme le socle de cette maîtrise. J'accompagne régulièrement des dirigeants français qui excellent techniquement mais redoutent profondément les moments de tension aiguë. Je leur enseigne alors une approche centrée sur trois axes fondamentaux :

- **La construction d'un état mental souverain** - Développer une posture intérieure imperméable aux tentatives de déstabilisation
- **La maîtrise des réactions physiologiques** - Contrôler consciemment sa respiration, son tonus musculaire et ses micro-expressions faciales
- **L'anticipation des scénarios de confrontation** - Visualiser mentalement les diverses trajectoires possibles de l'échange tendu

Une dirigeante a complètement transformé sa capacité à affronter les confrontations en développant ce qu'elle appelle son "rituel d'ancrage princier". Avant chaque négociation difficile, elle pratique systématiquement une séquence brève mais puissante de respiration contrôlée, suivie d'une visualisation précise de son meilleur soi négociateur. Cette préparation mentale lui permet d'aborder les situations les plus tendues avec une sérénité authentique qui déstabilise invariablement ses interlocuteurs. L'état émotionnel optimal en confrontation se distingue radicalement de ce que l'on pourrait intuitivement imaginer. Le négociateur novice croit souvent qu'il faut projeter de l'assurance, voire une certaine agressivité. Le stratège accompli sait que la véritable puissance réside dans ce que j'appelle "le calme royal" - cet état de présence intense mais parfaitement maîtrisée qui caractérisait les grands souverains lors des crises majeures. Un avocat d'affaires parisien particulièrement redoutable m'a confié que sa technique signature consistait à réduire délibérément le volume et le débit de sa voix proportionnellement à l'intensité émotionnelle de son interlocuteur, créant un contraste psychologique dévastateur.

La maîtrise des émotions adverses constitue le prolongement naturel de cette approche. Le négociateur machiavélien ne se contente pas de contrôler ses propres états intérieurs, il influence activement ceux de ses interlocuteurs. Cette capacité s'articule autour de plusieurs compétences clés :

- **La lecture émotionnelle précise** - Identifier avec acuité l'état émotionnel réel de l'autre au-delà des apparences
- **La validation stratégique** - Reconnaître les émotions adverses sans pour autant céder sur le fond
- **L'orientation émotionnelle** - Guider subtilement l'interlocuteur vers des états émotionnels plus favorables à la négociation
- **La gestion des escalades** - Désamorcer les spirales émotionnelles négatives avant qu'elles ne deviennent incontrôlables

Un négociateur commercial excellait particulièrement dans l'art du "pont émotionnel", cette capacité à reconnaître sincèrement l'émotion de son interlocuteur tout en la réorientant vers un état plus productif. Sa formule signature "Je comprends parfaitement cette frustration, et c'est précisément pourquoi nous devrions explorer..." lui permettait de transformer des impasses émotionnelles en opportunités constructives.

L'architecture des confrontations machiavéliennes révèle une sophistication que peu de négociateurs appréhendent pleinement. Une confrontation réussie ne consiste pas simplement à "gagner" l'échange immédiat, mais à orchestrer une séquence stratégique qui sert vos objectifs à long terme. Cette dimension architecturale comporte plusieurs niveaux :

- **Le cadrage initial** - Établir les paramètres psychologiques et procéduraux de la confrontation
- **La sélection du terrain** - Choisir judicieusement les sujets sur lesquels engager ou éviter l'affrontement
- **Le séquençage tactique** - Déterminer l'ordre optimal des points d'opposition et de conciliation
- **La gestion des tensions** - Moduler délibérément l'intensité émotionnelle selon les besoins stratégiques
- **La résolution mémorable** - Clore la confrontation d'une manière qui serve vos intérêts futurs

Une directrice juridique m'a confié comment elle structure méthodiquement ses confrontations négociatoires en "trois actes" distincts : d'abord l'exposition claire et factuelle du désaccord, puis l'exploration empathique des positions adverses, et enfin la proposition de solutions créatives. Cette architecture délibérée transforme des confrontations potentiellement destructrices en opportunités de progression vers un accord mutuellement satisfaisant. Le contexte culturel français apporte une dimension particulière à la gestion des confrontations. Notre tradition intellectuelle valorise l'argumentation rigoureuse et l'éloquence, mais notre culture professionnelle reste ambivalente face à l'expression directe du désaccord. Le négociateur machiavélien français doit naviguer habilement entre la clarté latine et la subtilité diplomatique. J'observe souvent chez mes clients une tendance soit à l'évitement excessif du conflit, soit à l'affrontement trop brutal, les deux approches s'avérant également contre-productives.

La psychologie de l'influence forme un levier crucial dans la maîtrise des confrontations. Le négociateur ordinaire tente de convaincre par la seule force de ses arguments. Le stratège machiavélien comprend que la persuasion opère à des niveaux bien plus profonds, activant des ressorts psychologiques souvent inconscients chez son interlocuteur. Cette dimension implique la maîtrise de plusieurs principes d'influence :

- **La réciprocité** - Créer un sentiment d'obligation par des concessions stratégiques préalables
- **La cohérence** - Utiliser le besoin humain de consistance interne pour orienter les décisions
- **La validation sociale** - Mobiliser l'influence des normes et des pairs pertinents
- **L'autorité** - Activer les mécanismes de déférence envers l'expertise reconnue
- **La rareté** - Souligner judicieusement les opportunités limitées et les coûts d'opportunité

La gestion des tactiques déloyales représente un défi particulier dans les confrontations négociatoires. Le stratège machiavélien doit savoir identifier et neutraliser ces manœuvres sans pour autant compromettre sa posture éthique ou son objectif principal.

Cette compétence exige une triple capacité :

- **Détection précoce** - Reconnaître immédiatement les patterns de manipulation ou d'intimidation
- **Neutralisation méthodique** - Désamorcer ces tactiques sans escalade contre-productive
- **Recadrage souverain** - Rétablir un cadre d'échange constructif sans paraître défensif

Une avocate d'affaires que j'ai conseillée maîtrisait parfaitement la technique du "miroir amplifié" face aux tactiques déloyales. Lorsqu'un interlocuteur tentait une manœuvre manipulatrice, elle la nommait explicitement mais avec une formulation légèrement exagérée, créant ainsi un malaise subtil qui dissuadait généralement toute récidive sans pour autant rompre le dialogue.

La communication non-verbale joue un rôle déterminant dans l'issue des confrontations. Les recherches montrent que notre impact communicationnel dépend à plus de 55% de notre langage corporel et de notre voix, contre seulement 45% pour le contenu verbal de nos messages. Le négociateur machiavélien cultive donc une conscience aiguë de sa propre expression non-verbale et développe sa capacité à lire celle de ses interlocuteurs. Un spécialiste des fusions-acquisitions que j'ai formé a transformé son efficacité en confrontation en travaillant spécifiquement sur trois éléments : sa posture (légèrement inclinée vers l'avant pour marquer l'engagement sans agressivité), son regard (contact visuel soutenu avec des pauses délibérées) et sa gestuelle (mouvements calmes et précis qui renforcent ses points clés).

La dimension temporelle des confrontations mérite une attention particulière. Le timing des escalades et désescalades, des silences stratégiques, des interruptions et des accélérations détermine souvent l'issue d'un échange tendu. Un dirigeant d'entreprise exceptionnel que j'accompagne a développé une sensibilité remarquable à ces rythmes négociatoires. Il utilise délibérément ce qu'il appelle des "pauses souveraines" - ces moments de silence calculé qui créent un vide que son interlocuteur cherche instinctivement à combler, souvent en dévoilant plus qu'il ne le souhaitait initialement.

La préparation méthodique distingue le négociateur d'élite dans les confrontations majeures. Cette préparation dépasse largement la simple anticipation des arguments adverses pour englober une architecture complète de l'échange :

- **La cartographie des déclencheurs émotionnels** - Identifier les sujets sensibles pour chaque participant
- **L'inventaire des tactiques potentielles** - Anticiper les approches probables de l'adversaire
- **La préparation des réponses calibrées** - Développer un répertoire de réactions adaptées à divers scénarios
- **L'orchestration des alliances** - Clarifier les rôles et dynamiques au sein d'une équipe négociatoire
- **La définition des paramètres de succès** - Établir clairement les objectifs et limites de la confrontation

Dans les prochaines sections, nous explorerons en profondeur deux dimensions cruciales de la maîtrise des confrontations. Nous examinerons d'abord comment naviguer stratégiquement les tensions et conflits ouverts grâce à une gestion émotionnelle sophistiquée. Puis nous découvrirons comment utiliser la psychologie pour maîtriser l'escalade et exercer une influence décisive, y compris face aux tactiques déloyales.

La capacité à dominer les confrontations avec une maîtrise princière forme peut-être la compétence négociatoire la plus impressionnante aux yeux des observateurs. C'est dans ces moments de tension maximale que se forge la réputation d'un négociateur d'exception. En développant les compétences que nous explorerons dans ce chapitre, vous transformerez les situations de confrontation, traditionnellement redoutées par la plupart des professionnels, en opportunités stratégiques pour affirmer votre influence et avancer vers vos objectifs avec une élégance machiavélienne.

4.1 Naviguer les Tensions et les Conflits Ouverts avec Stratégie

4.1.1 Gérer ses émotions et celles des autres en maintenant son calme, sa rationalité et sa posture d'autorité

Lors d'une négociation cruciale pour un conglomérat français, mon client, habituellement posé, a perdu son sang-froid face à une provocation délibérée de son homologue. En moins de dix secondes, son visage s'est empourpré, sa voix a tremblé, et il a frappé la table d'un coup sec. Cet instant fugace a suffi pour que l'équilibre des forces bascule irrémédiablement. Malgré trois heures d'efforts supplémentaires, nous n'avons jamais pu récupérer l'avantage psychologique perdu dans ce bref moment d'emportement. Cette expérience m'a enseigné une vérité fondamentale : en négociation, celui qui maîtrise ses émotions contrôle l'échiquier tout entier. La gestion émotionnelle représente peut-être la compétence la plus sous-estimée et pourtant la plus décisive du négociateur machiavélien. Dans l'arène négociatoire, vos émotions peuvent devenir soit votre allié le plus précieux, soit votre adversaire le plus dangereux. Machiavel lui-même soulignait que "rien n'est plus nécessaire que de paraître posséder cette dernière qualité [la maîtrise de soi]", reconnaissant l'avantage stratégique majeur que confère la maîtrise émotionnelle.

L'architecture de la maîtrise émotionnelle s'articule autour de trois piliers fondamentaux que j'ai identifiés et perfectionnés au cours de mes années de pratique intensive :

- **La conscience émotionnelle aiguë** - Capacité à identifier précisément ses propres émotions en temps réel
- **La régulation émotionnelle stratégique** - Aptitude à moduler délibérément l'intensité et l'expression de ses états intérieurs
- **L'influence émotionnelle calibrée** - Compétence pour orienter subtilement les états émotionnels de ses interlocuteurs

Un dirigeant d'entreprise avec qui je travaille régulièrement a développé ce qu'il appelle son "thermomètre émotionnel interne" - un scan corporel instantané qu'il pratique toutes les quinze minutes lors de négociations critiques. Cette vigilance constante lui permet de détecter immédiatement tout changement dans son état interne avant que celui-ci ne devienne visible pour ses interlocuteurs.

Les déclencheurs émotionnels personnels forment vos zones de vulnérabilité spécifiques. Chaque négociateur possède des "boutons rouges" qui, une fois activés, peuvent provoquer des réactions émotionnelles disproportionnées. L'identification préalable de ces déclencheurs constitue une étape cruciale dans le développement de votre maîtrise émotionnelle. Parmi les déclencheurs courants que j'ai identifiés chez mes clients :

- **Les attaques à la compétence** - Remise en question de votre expertise ou de vos qualifications
- **Les insinuations sur l'intégrité** - Doutes exprimés sur votre honnêteté ou vos intentions
- **Les comportements de supériorité** - Condescendance ou arrogance de l'interlocuteur
- **Les manipulations de l'agenda** - Tentatives de redéfinir unilatéralement le cadre ou les règles
- **Les pressions temporelles artificielles** - Création d'urgences factices pour forcer une décision

Une avocate a cartographié précisément ses déclencheurs émotionnels, développant pour chacun un "protocole de désactivation" personnalisé qu'elle active dès qu'elle sent une réaction émotionnelle se former. Cette préparation méthodique lui permet de maintenir sa lucidité stratégique même dans les échanges les plus tendus.

La maîtrise corporelle forme le socle visible de votre contrôle émotionnel. Votre corps communique constamment, révélant souvent vos états intérieurs à votre insu. Le négociateur machiavélien cultive une conscience aiguë de ses signaux non-verbaux et développe un contrôle délibéré sur ceux-ci. Cette maîtrise s'articule autour de plusieurs dimensions :

- **La posture d'autorité calme** - Position droite mais détendue, occupant pleinement l'espace sans agressivité

- **La respiration contrôlée** - Rythme respiratoire profond et régulier, particulièrement en situation de stress
- **L'expression faciale maîtrisée** - Contrôle délibéré des micro-expressions révélatrices d'émotions
- **La gestuelle précise et économe** - Mouvements mesurés transmettant assurance et intentionnalité
- **La modulation vocale stratégique** - Variation consciente du volume, du rythme et de la tonalité

Un banquier d'affaires redoutable dans les négociations m'a confié pratiquer quotidiennement ce qu'il nomme sa "méditation posturale" : cinq minutes d'alignement corporel parfait, associé à une respiration profonde, juste avant chaque négociation importante. Cette préparation physique lui permet d'incarner instantanément une présence d'autorité tranquille qui impose naturellement le respect.

Les techniques de régulation émotionnelle en temps réel constituent votre arsenal d'intervention immédiate face aux provocations. J'enseigne à mes clients plusieurs méthodes éprouvées pour maintenir ou restaurer rapidement leur équilibre émotionnel :

- **La déconnexion momentanée** - Créer une pause mentale brève en se concentrant intensément sur un détail neutre de l'environnement
- **Le recadrage cognitif instantané** - Réinterpréter immédiatement la situation sous un angle plus favorable ou neutre
- **L'ancrage sensoriel** - Utiliser une sensation physique discrète pour ramener l'attention au moment présent
- **La relativisation stratégique** - Replacer mentalement l'enjeu dans une perspective plus large
- **La respiration tactique** - Pratiquer une séquence respiratoire spécifique indétectable par l'interlocuteur

Une directrice financière avec qui je travaille régulièrement utilise une technique particulièrement efficace qu'elle appelle "le point d'ancrage". À chaque fois qu'elle sent monter en elle une réaction émotionnelle potentiellement déstabilisante, elle presse discrètement son pouce contre son index sous la table, créant une sensation physique qui la ramène instantanément à son état de concentration optimale.

La lecture émotionnelle de vos interlocuteurs représente l'autre face essentielle de cette compétence. Le négociateur machiavélien développe une sensibilité particulière aux signaux révélateurs des états émotionnels adverses. Cette capacité de décodage s'articule autour de l'observation minutieuse de plusieurs canaux d'information :

- **Les micro-expressions faciales** - Contractions musculaires fugaces révélant des émotions authentiques
- **Les changements posturaux** - Modifications subtiles dans la position du corps signalant des shifts émotionnels
- **Les altérations vocales** - Variations de tonalité, de volume ou de rythme trahissant des états intérieurs
- **Les gestes auto-adaptateurs** - Mouvements inconscients de réconfort personnel indiquant un stress
- **Les incohérences communicationnelles** - Décalages entre le verbal, le para-verbal et le non-verbal

Un négociateur commercial excelle dans ce qu'il nomme "l'écoute multidimensionnelle", cette capacité à traiter simultanément le contenu verbal explicite et les multiples canaux non-verbaux implicites. Cette compétence lui permet de détecter immédiatement les désalignements révélateurs d'états émotionnels dissimulés chez ses interlocuteurs.

L'influence émotionnelle calibrée constitue le niveau supérieur de cette maîtrise. Au-delà du simple contrôle de vos propres émotions, le négociateur machiavélien développe la capacité d'orienter subtilement les états émotionnels de ses interlocuteurs. Cette influence s'exerce à travers plusieurs leviers :

- **Le mimétisme stratégique** - Synchronisation délibérée avec certains aspects du comportement de l'autre pour créer un rapport
- **L'induction émotionnelle** - Manifestation contrôlée d'émotions spécifiques pour provoquer un effet miroir
- **Le recadrage narratif** - Reformulation des événements sous un angle émotionnel différent
- **La validation ciblée** - Reconnaissance des émotions adverses pour créer une connexion avant réorientation

- **La gestion des tempos** - Modulation délibérée du rythme conversationnel pour influencer l'état émotionnel

Un dirigeant d'entreprise que j'accompagne utilise systématiquement la technique du contraste émotionnel. Face à un interlocuteur agité ou agressif, il adopte délibérément un calme exagéré et une lenteur verbale qui, par contraste, incitent progressivement son adversaire à modérer sa propre intensité émotionnelle.

La posture d'autorité constitue la dimension la plus visible de votre maîtrise émotionnelle. Cette présence princière se manifeste par une constellation de signaux subtils qui, ensemble, créent une impression d'influence naturelle et légitime. Les éléments clés de cette posture incluent :

- **L'occupation assumée de l'espace** - Utilisation confiante mais non agressive du territoire personnel et partagé
- **La directionnalité du regard** - Contact visuel ferme sans fixité intimidante
- **La fluidité gestuelle** - Mouvements délibérés et économes transmettant calme et contrôle
- **La sobriété expressive** - Économie des expressions émotionnelles renforçant leur impact lorsqu'elles surviennent
- **La présence vocale** - Projection vocale mesurée avec modulation intentionnelle et pauses stratégiques

Une avocate spécialisée dans les litiges commerciaux complexes m'a confié comment elle prépare méticuleusement sa "présence d'autorité" avant chaque négociation critique. Elle visualise spécifiquement sa posture, son expression faciale et son placement dans l'espace pour incarner ce qu'elle appelle "l'autorité tranquille" - cette forme de leadership qui s'impose sans avoir besoin de s'affirmer explicitement. La pratique délibérée forme la voie royale vers cette maîtrise émotionnelle. Comme toute compétence sophistiquée, la gestion émotionnelle stratégique ne s'improvise pas mais se développe par un entraînement méthodique. J'encourage systématiquement mes clients à transformer chaque interaction quotidienne en opportunité de perfectionner leur maîtrise émotionnelle, progressant de la conscience à la régulation, puis à l'influence. J'ai observé chez les négociateurs d'élite cette capacité remarquable à utiliser leurs émotions comme des instruments de précision plutôt que de les subir comme des réactions incontrôlables. Cette alchimie émotionnelle, cette transformation des pressions en ressources stratégiques, représente peut-être la signature la plus distinctive du négociateur véritablement machiavélien. Les émotions bien maîtrisées deviennent ainsi votre allié stratégique le plus puissant en négociation. Dans notre prochaine section, nous explorerons comment désamorcer efficacement l'agressivité et la résistance de vos interlocuteurs grâce à des techniques de communication assertive, de questionnement habile et de recadrage positif.

4.1.2 Désamorcer l'agressivité et la résistance par des techniques de communication assertive, de questionnement habile et de recadrage positif

Un silence glacial s'abattit sur la salle lorsque mon interlocuteur frappa violemment du poing sur la table. "Votre proposition est totalement inacceptable, nous perdons notre temps!" s'écria-t-il, le visage empourpré. Plutôt que de riposter ou de battre en retraite, j'ai calmement posé ma question préparée: "Qu'est-ce qui, dans cette proposition précise, vous semble le plus problématique?" Cette simple interrogation a transformé sa colère explosive en analyse critique. Trente minutes plus tard, nous avions identifié trois points d'ajustement qui ont débloqué la situation. Ce moment m'a confirmé une vérité fondamentale: face à l'agressivité, ce n'est pas celui qui crie le plus fort qui l'emporte, mais celui qui maîtrise l'art subtil de la redirection émotionnelle. L'agressivité et la résistance forment des obstacles récurrents dans toute négociation d'envergure. Ces manifestations émotionnelles, loin d'être des accidents, constituent souvent des tactiques délibérées pour déstabiliser l'adversaire ou marquer une opposition forte. Le négociateur machiavélien les considère non comme des menaces, mais comme des opportunités stratégiques à transformer. Cette alchimie relationnelle repose sur trois piliers que j'ai perfectionnés au fil de mes années de pratique: la communication assertive, le questionnement habile et le recadrage positif.

La communication assertive représente l'équilibre parfait entre la passivité qui cède trop facilement et l'agressivité qui détruit la relation. Cette posture vous permet d'affirmer vos positions avec clarté et fermeté tout en respectant votre interlocuteur. J'ai formalisé cette approche en un modèle que j'appelle le "Triangle d'Or de l'Assertivité":

- **L'expression factuelle des observations** - Décrire objectivement la situation sans jugement ni interprétation
- **L'affirmation calme de vos besoins et intérêts** - Exprimer clairement vos attentes légitimes sans agressivité ni excuses
- **La proposition constructive de solutions** - Offrir des voies de progression concrètes orientées vers la résolution

Une directrice marketing avec qui j'ai travaillé a appliqué cette méthode face à un fournisseur particulièrement virulent. Plutôt que de répondre à ses accusations, elle a calmement énoncé: "Je constate que nous avons des perspectives différentes sur les délais de livraison. Pour assurer la réussite de notre campagne, j'ai besoin d'une visibilité claire sur le calendrier. Explorons ensemble comment adapter notre planning pour satisfaire nos contraintes mutuelles." Cette formulation a immédiatement désamorcé la tension et réorienté la conversation vers la recherche de solutions.

Le langage corporel assertif joue un rôle crucial dans ces situations tendues. La congruence entre vos mots et votre corps multiplie l'impact de votre communication. J'ai identifié quatre éléments non-verbaux déterminants que je travaille systématiquement avec mes clients:

- **La posture ancrée** - Position stable, pieds légèrement écartés, poids équilibré, transmettant une impression de solidité sans rigidité
- **Le contact visuel calibré** - Regard direct mais non agressif, maintenu à 70-80% du temps, sans fixité intimidante
- **La gestuelle ouverte et mesurée** - Mouvements calmes, mains visibles, évitant les gestes brusques ou défensifs
- **La respiration contrôlée** - Rythme respiratoire profond et régulier, induisant naturellement un ton de voix posé

Un avocat d'affaires a complètement transformé son impact en négociation en travaillant spécifiquement sa posture. Il m'a confié: "Avant, je me tenais inconsciemment en retrait quand mon interlocuteur haussait le ton. Aujourd'hui, je m'ancre consciemment dans ma position, comme un chêne face au vent. Ce simple ajustement physique a radicalement changé la perception de mon autorité."

Le questionnement habile constitue votre levier d'influence le plus puissant face à l'agressivité. Poser la bonne question au bon moment peut instantanément transformer la dynamique émotionnelle d'un échange tendu. J'ai développé une taxonomie de questions stratégiques particulièrement efficaces dans ces situations:

- **Questions exploratoires ouvertes** - "Qu'est-ce qui vous préoccupe précisément dans cette proposition?"
- **Questions de clarification ciblées** - "Pourriez-vous m'aider à comprendre votre perspective sur ce point précis?"
- **Questions de confirmation empathiques** - "Si je vous comprends bien, votre principale inquiétude concerne...?"
- **Questions alternatives constructives** - "Entre ces deux approches, laquelle vous semblerait plus adaptée?"
- **Questions projectives orientées solution** - "Comment pourrions-nous ajuster cette proposition pour qu'elle réponde mieux à vos attentes?"

Une directrice des achats utilisait systématiquement ce qu'elle appelle sa "cascade de questions" lorsqu'elle rencontre de la résistance. Elle m'expliquait: "Je commence par une question ouverte pour identifier le problème réel, puis j'utilise des questions de clarification pour approfondir, et enfin des questions orientées solution pour mobiliser mon interlocuteur dans la recherche de compromis. Cette séquence transforme invariablement les opposants en collaborateurs."

La technique du questionnement socratique mérite une attention particulière dans ce contexte. Cette méthode millénaire, que j'ai adaptée spécifiquement aux situations de négociation tendue, consiste à guider progressivement votre interlocuteur vers une conclusion par une série de questions logiquement enchaînées. Elle présente l'avantage considérable de faire émerger la solution de la réflexion de l'autre plutôt que de votre argumentation, renforçant ainsi son adhésion. Un négociateur commercial particulièrement doué m'a confié comment cette approche lui avait permis de désamorcer une situation bloquée depuis des mois: "Au lieu de défendre ma position face à leur résistance, j'ai simplement posé une série de questions qui les ont amenés à reconsidérer leurs propres présupposés."

Le recadrage positif représente le troisième pilier de cette approche. Cette technique cognitive puissante consiste à modifier le cadre perceptif d'une situation pour en transformer l'interprétation et, par conséquent, la réaction émotionnelle qu'elle suscite. J'ai identifié plusieurs formes de recadrage particulièrement efficaces en négociation:

- **Le recadrage de perspective** - Présenter la situation sous un angle différent (ex: "Ce n'est pas un problème, c'est une opportunité d'innovation")
- **Le recadrage temporel** - Replacer l'enjeu dans une temporalité plus favorable (ex: "Regardons les bénéfices à long terme")
- **Le recadrage d'échelle** - Modifier le niveau d'analyse (ex: passer du détail technique à la vision stratégique)
- **Le recadrage d'intention** - Réinterpréter positivement les motivations sous-jacentes (ex: "Votre exigence démontre votre engagement dans ce projet")
- **Le recadrage relationnel** - Transformer un rapport d'adversité en alliance (ex: "Nous affrontons ensemble ce défi")

Un entrepreneur que j'ai conseillé excelle dans l'art du recadrage d'intention. Face à un investisseur particulièrement agressif sur les projections financières, il a calmement répondu: "Votre exigence de précision sur ces chiffres démontre votre approche méticuleuse de l'investissement, ce que j'apprécie sincèrement. Explorons ensemble les hypothèses sous-jacentes pour atteindre le niveau de confiance dont vous avez besoin." Cette reformulation a complètement transformé la dynamique de l'échange.

La technique du "OUI, ET..." mérite une place spéciale dans votre arsenal de recadrage. Cette approche, que j'ai importée des pratiques d'improvisation théâtrale, consiste à valider d'abord la position de l'autre avant d'y ajouter votre perspective. Contrairement au "OUI, MAIS..." qui génère instantanément de la résistance, cette formulation crée un pont entre les positions. Une négociatrice immobilière particulièrement efficace l'applique systématiquement: "Oui, je comprends votre besoin de sécurité financière dans cette transaction, et c'est précisément pour cette raison que je propose un échelonnement des paiements avec des garanties bancaires."

La gestion des objections forme un cas particulier de résistance que tout négociateur doit maîtriser. J'ai développé une méthodologie en quatre temps que j'enseigne à mes clients pour transformer les objections en opportunités:

1. **Accueillir l'objection** - Validez la légitimité de la préoccupation sans nécessairement approuver son contenu
2. **Explorer en profondeur** - Questionnez pour comprendre précisément la nature et l'importance de l'objection
3. **Recadrer positivement** - Reformulez l'objection sous un angle constructif orienté solution
4. **Proposer une alternative** - Offrez une option qui adresse la préoccupation sous-jacente

Un directeur commercial applique méticuleusement cette approche. Face à une objection sur le prix, il ne cherche jamais à défendre immédiatement son tarif, mais demande: "Pourriez-vous m'en dire plus sur votre préoccupation concernant ce montant?" Cette simple question lui permet souvent de découvrir que l'objection masque une inquiétude plus profonde sur la valeur perçue ou les contraintes budgétaires, qu'il peut alors adresser spécifiquement.

Les patterns de langage hypnotique constituent un outil particulièrement puissant pour désamorcer la résistance au niveau subconscient. Sans entrer dans les dimensions manipulatrices de cette approche, certaines structures linguistiques peuvent contourner les résistances rationnelles en créant des associations mentales positives. J'ai observé l'efficacité remarquable de formulations comme "Plus vous examinez cette proposition en détail, plus vous pourriez découvrir des avantages que vous n'aviez pas immédiatement perçus" ou "Alors que vous réfléchissez à cette approche, vous pourriez être surpris de constater comment elle répond précisément à vos préoccupations fondamentales."

La technique de l'empathie stratégique mérite également une attention particulière. Cette approche, que j'ai perfectionnée, va au-delà de la simple compréhension des émotions adverses pour créer une connexion authentique tout en servant vos objectifs négociatoires. La séquence "Reconnaissance/Validation/Réorientation" que j'enseigne à mes clients crée un pont émotionnel puissant:

- **Reconnaissance émotionnelle** - "Je perçois votre frustration face à cette situation..."
- **Validation légitime** - "...et cette réaction est parfaitement compréhensible vu les enjeux pour votre équipe..."
- **Réorientation constructive** - "...c'est pourquoi je vous propose d'explorer ensemble comment nous pourrions structurer un accord qui adresse spécifiquement cette préoccupation."

La combinaison synergique de ces trois approches (communication assertive, questionnement habile et recadrage positif) forme un système intégré de désamorçage de l'agressivité et de la résistance. Ces techniques, pratiquées avec régularité et authenticité, transformeront radicalement votre capacité à naviguer les eaux tumultueuses des confrontations en négociation.

Dans la prochaine section, nous explorerons comment utiliser la psychologie pour maîtriser l'escalade et influencer stratégiquement vos interlocuteurs.

4.2 Utiliser la Psychologie pour Maîtriser l'Escalade et Influencer

4.2.1 Appliquer les principes d'influence et de persuasion psychologique en adaptant son discours, son langage corporel et son argumentation

Lors d'une négociation cruciale pour une entreprise technologique française, j'observais mon client, un cadre brillant mais habituellement timoré, mettre en pratique les principes d'influence que nous avions travaillés ensemble. Sa transformation était saisissante. Sa voix, auparavant hésitante, résonnait désormais avec une autorité tranquille. Sa posture, jadis contractée, exprimait maintenant une présence magnétique. Ses arguments, autrefois dispersés, s'articulaient en une structure persuasive imparable. En moins d'une heure, la salle entière s'était ralliée à sa vision. Ce jour-là, j'ai eu la confirmation éclatante que la maîtrise des principes d'influence psychologique transforme radicalement l'efficacité négociatoire. L'art de l'influence constitue la dimension la plus subtile et pourtant la plus décisive de toute négociation d'envergure. Machiavel lui-même notait que "les hommes jugent généralement plus par les yeux que par les mains", soulignant ainsi l'importance cruciale des perceptions dans les rapports d'influence. Cette compréhension profonde des mécanismes psychologiques qui gouvernent la persuasion forme le socle sur lequel repose la capacité à orienter délibérément les décisions d'autrui. Les principes universels d'influence, mis en lumière par des décennies de recherches en psychologie sociale, offrent un cadre stratégique particulièrement précieux pour le négociateur machiavélien. J'ai isolé six leviers fondamentaux que je développe systématiquement avec mes clients français pour maximiser leur pouvoir persuasif :

- **La réciprocité** - Le sentiment d'obligation de rendre ce que l'on a reçu
- **La cohérence** - Le besoin profond de maintenir une image cohérente de soi-même

- **La preuve sociale** - La tendance à se conformer aux comportements majoritaires
- **L'autorité** - La déférence naturelle envers les figures perçues comme légitimes
- **La rareté** - L'attraction accrue pour ce qui semble limité ou menacé de disparition
- **L'appréciation** - L'influence amplifiée des personnes que l'on apprécie

Un dirigeant d'entreprise a transformé complètement sa façon de négocier en intégrant ces principes. Il m'a confié : "Avant, je tentais de convaincre par la seule force de mes arguments. Aujourd'hui, je comprends que l'adhésion se construit bien au-delà du contenu rationnel, dans les territoires subtils de la psychologie humaine." Le calibrage psychologique de votre interlocuteur représente la première étape cruciale de toute stratégie d'influence. Chaque personne possède une carte mentale unique, structurée par ses expériences, ses valeurs et ses modes de traitement préférentiels de l'information. La capacité à décoder rapidement cette structure psychologique vous permet d'adapter précisément votre communication pour maximiser son impact persuasif. L'identification des styles cognitifs forme le premier niveau de ce calibrage. Au fil de ma pratique, j'ai développé une grille d'analyse particulièrement efficace pour cartographier rapidement les préférences cognitives de vos interlocuteurs :

- **Le profil analytique** - Privilégie les données, les faits, la logique et l'analyse rigoureuse
- **Le profil pragmatique** - Valorise les résultats concrets, les solutions pratiques et l'efficacité
- **Le profil relationnel** - Sensible à l'harmonie, aux relations interpersonnelles et au consensus
- **Le profil visionnaire** - Attiré par les concepts, les innovations et les perspectives futures

Une négociatrice immobilière que j'accompagne utilise systématiquement cette grille pour calibrer ses présentations. Face à un client analytique, elle structure son discours autour de données chiffrées et d'analyses comparatives détaillées. Face à un client relationnel, elle privilégie les témoignages et les histoires personnelles qui créent une connexion émotionnelle. Cette flexibilité lui permet d'établir un rapport de confiance immédiat avec des profils pourtant radicalement différents.

Les leviers motivationnels spécifiques constituent la seconde dimension de ce calibrage. Chaque personne possède une hiérarchie unique de moteurs décisionnels, et votre capacité à les identifier puis à les activer déterminera largement votre pouvoir d'influence. Parmi les principaux leviers motivationnels que j'ai identifiés :

- **La sécurité et la stabilité** - Minimisation des risques et préservation des acquis
- **Le statut et la reconnaissance** - Renforcement de l'image sociale et de l'estime personnelle
- **L'autonomie et le contrôle** - Maintien de la liberté d'action et du pouvoir décisionnel
- **Le gain et l'optimisation** - Maximisation des bénéfices et des opportunités
- **L'appartenance et l'affiliation** - Intégration à un groupe valorisé et création de liens

Un avocat d'affaires parisien m'a décrit comment il avait débloqué une négociation critique en identifiant que son interlocuteur, derrière ses exigences financières apparentes, était en réalité principalement motivé par des enjeux de reconnaissance professionnelle. En recadrant sa proposition autour d'éléments qui valorisaient publiquement l'expertise et la contribution de son adversaire, il a obtenu une concession substantielle sur les aspects économiques du contrat.

L'architecture persuasive du discours forme le squelette de votre stratégie d'influence. La structure même de votre argumentation détermine sa force persuasive, indépendamment de son contenu. J'ai formalisé une méthodologie en cinq temps que je partage avec mes clients les plus exigeants :

1. **L'établissement du terrain commun** - Créer une base d'accord mutuel qui facilite l'adhésion ultérieure
2. **La définition du cadre problématique** - Structurer la perception du problème d'une façon qui favorise votre solution

3. **La présentation d'options contrastées** - Offrir un éventail calibré qui oriente naturellement vers votre proposition privilégiée
4. **L'argumentation ciblée** - Développer des arguments spécifiquement adaptés aux préoccupations de votre interlocuteur
5. **La projection positive** - Aider votre interlocuteur à visualiser concrètement les bénéfices futurs de votre proposition

Le langage corporel stratégique représente la dimension non-verbale cruciale de votre influence. Nos corps communiquent constamment, et ces signaux non-verbaux impactent souvent plus profondément la perception de notre interlocuteur que nos paroles elles-mêmes. Le négociateur machiavélien cultive une conscience aiguë de ces signaux et développe la capacité de les moduler délibérément.

Voici quatre dimensions non-verbales que j'ai identifiées comme déterminantes :

- **La posture d'autorité calme** - Positionnement vertical aligné, occupation assumée de l'espace, mouvements délibérés
- **La gestuelle d'ouverture contrôlée** - Paumes visibles, gestes amples et mesurés, évitement des mouvements défensifs
- **La connexion visuelle calibrée** - Contact visuel direct mais non invasif, maintenu à 70-80% du temps
- **La modulation vocale stratégique** - Variation consciente du volume, du rythme et de la tonalité pour souligner les points clés

Les patterns linguistiques d'influence constituent des structures de langage spécifiquement conçues pour contourner les résistances conscientes et créer des associations mentales favorables. Sans tomber dans la manipulation éthiquement problématique, certaines formulations particulièrement efficaces permettent d'orienter subtilement les perceptions et les décisions. J'utilise régulièrement ce que j'appelle les "présupposés d'adhésion", ces formulations qui intègrent implicitement l'accord de l'interlocuteur, comme "Quand vous aurez constaté les bénéfices de cette approche..." plutôt que "Si vous adoptez cette approche...". Cette subtile différence linguistique crée une projection mentale positive qui facilite considérablement l'acceptation ultérieure de sa proposition.

L'intégration cohérente de ces différentes dimensions crée une symphonie persuasive d'une puissance remarquable. Le négociateur qui maîtrise simultanément le calibrage psychologique, l'architecture argumentative, le langage corporel et les patterns linguistiques exerce une influence profonde qui transforme la dynamique négociatoire. La dimension éthique de cette approche mérite encore une fois une attention particulière. L'influence psychologique, lorsqu'elle est utilisée dans une perspective machiavélienne éclairée, ne vise pas la manipulation destructrice mais plutôt la création de valeur partagée. La vraie maîtrise consiste à orienter les perceptions et les décisions vers des solutions qui, tout en servant prioritairement vos intérêts, apportent également une valeur réelle à votre interlocuteur.

Dans notre prochaine section, nous explorerons comment appliquer ces principes d'influence pour détecter, neutraliser et retourner à votre avantage les tactiques déloyales et manipulatrices que vous pourriez rencontrer en négociation. Cette capacité à transformer les manœuvres adverses en opportunités stratégiques représente la signature du véritable maître négociateur.

4.2.2 Répondre aux tactiques déloyales et manipulatrices par leur détection précoce, leur neutralisation ferme et leur retournement stratégique

Au milieu d'une négociation que je croyais parfaitement maîtrisée, mon interlocuteur lança soudain une attaque ad hominem cinglante, remettant en question mon expertise devant toute l'assemblée. Un silence glacial s'abattit sur la salle. Dans ce moment critique, j'ai appliqué ma méthode de neutralisation en trois temps : identification immédiate de la tactique (attaque personnelle pour déstabiliser), respiration contrôlée de trois secondes, puis réponse posée transformant l'attaque en opportunité. "Votre passion pour ce projet est évidente, et j'apprécie cette intensité. Revenons aux données objectives qui nous préoccupent tous deux." Cette simple phrase a désamorcé l'attaque, préservé ma dignité et réorienté la discussion vers le terrain factuel où je détenais l'avantage. La leçon fut claire : face aux tactiques déloyales, ce n'est pas celui qui s'emporte qui gagne, mais celui qui transforme l'attaque en levier stratégique. Le monde de la négociation professionnelle, particulièrement dans le contexte français où l'art oratoire et la joute verbale font partie de la culture, regorge de manœuvres manipulatrices sophistiquées. Machiavel lui-même écrivait que "les hommes sont si simples et obéissent si bien aux nécessités présentes que celui qui trompe trouvera toujours quelqu'un qui se laissera tromper". Cette observation lucide nous rappelle l'importance capitale de savoir identifier et neutraliser ces tactiques pour préserver nos intérêts et notre dignité.

La détection précoce des tactiques déloyales forme le premier rempart contre leur efficacité. Ma pratique m'a permis d'élaborer une taxonomie des manœuvres manipulatrices les plus fréquentes que je partage avec tous mes clients :

- **Les attaques personnelles** - Critiques visant votre crédibilité, vos compétences ou votre intégrité plutôt que le fond de votre argumentation
- **La déformation factuelle** - Présentation biaisée ou falsifiée des informations pour servir une position spécifique
- **La pression temporelle artificielle** - Création d'une urgence fictive pour forcer une décision précipitée
- **L'intimidation positionnelle** - Utilisation ostentatoire des symboles de pouvoir ou d'autorité pour vous impressionner
- **Les fausses alternatives** - Présentation d'un choix restreint occultant d'autres options plus favorables
- **Le chantage émotionnel** - Exploitation de la culpabilité, de la peur ou d'autres émotions pour obtenir des concessions
- **La surcharge informationnelle** - Submersion délibérée sous un flot d'informations pour créer confusion et fatigue cognitive

Un dirigeant d'entreprise technologique français avec qui je collabore a développé ce qu'il appelle son "radar à manipulation" - une sensibilité affûtée aux signaux d'alerte précoces. "La clé", m'expliquait-il, "réside dans l'identification d'un décalage soudain entre le ton, le contenu et le contexte. Quand ces trois éléments deviennent incohérents, c'est souvent le signe qu'une tactique déloyale est en cours."

Les signaux d'alerte précoces, ces manifestations subtiles qui précèdent généralement le déploiement d'une tactique manipulatrice, méritent une attention particulière. Mon expérience m'a permis d'isoler plusieurs indicateurs particulièrement révélateurs :

- **Le changement brutal de rythme** - Accélération ou ralentissement soudain du débit de parole ou du rythme de la négociation
- **La rupture de cohérence** - Contradiction entre les positions précédemment exprimées et le nouveau discours
- **L'introduction de nouvelles parties prenantes** - Apparition inattendue de nouveaux interlocuteurs ou référence à des décideurs jusqu'alors non mentionnés
- **Le glissement thématique stratégique** - Déplacement subtil de la discussion vers des terrains où vous êtes moins à l'aise
- **La modification de l'environnement physique** - Changements dans la disposition des sièges, l'éclairage ou d'autres aspects matériels de la négociation

Une directrice juridique m'a confié comment elle avait évité un piège contractuel majeur en détectant un simple changement dans le comportement non-verbal de son interlocuteur. "Son langage corporel est devenu soudainement plus fermé, plus tendu, précisément au moment d'aborder une clause apparemment anodine. Cette dissonance m'a mise en alerte, m'incitant à examiner cette clause avec une attention redoublée. J'y ai découvert une formulation ambiguë aux conséquences potentiellement désastreuses."

La neutralisation méthodique des tactiques identifiées constitue votre seconde ligne de défense. Face à une manœuvre déloyale, le négociateur d'exception ne se laisse ni déstabiliser ni entraîner dans une escalade contre-productive. Il déploie plutôt une approche structurée que j'ai formalisée en protocole "RADAR" :

- **Reconnaître** - Identifier précisément la tactique employée sans la nommer explicitement
- **Ancrer** - Maintenir fermement votre posture physique et votre équilibre émotionnel

- **Désarmer** - Neutraliser la charge émotionnelle par une réponse calme et factuelle
- **Affirmer** - Réaffirmer votre position avec clarté et assurance
- **Recentrer** - Ramener la discussion vers les intérêts fondamentaux des parties

Un chef d'entreprise que j'ai accompagné lors d'une négociation particulièrement tendue m'a décrit comment ce protocole lui avait permis de désamorcer une tentative d'intimidation par un grand groupe. "Mon interlocuteur a délibérément mentionné les contentieux juridiques coûteux que son entreprise avait engagés contre d'autres partenaires récalcitrants. Plutôt que de céder à l'intimidation ou de riposter agressivement, j'ai simplement acquiescé en notant l'importance pour tous d'éviter les pertes de temps et d'énergie liées aux litiges, puis réorienté la conversation vers les bénéfices mutuels d'une collaboration harmonieuse."

Les réponses spécifiques à chaque type de tactique déloyale forment un répertoire stratégique que le négociateur machiavélien doit maîtriser. J'ai développé des contre-mesures précises pour les manipulations les plus courantes :

- **Face à l'attaque personnelle** - Technique du "décrochage émotionnel" suivie d'un recadrage vers les enjeux factuels
- **Face à la déformation factuelle** - Méthode de la "triangulation des sources" pour établir objectivement les faits
- **Face à la pression temporelle artificielle** - Stratégie du "ralentissement délibéré" pour reprendre le contrôle du tempo
- **Face à l'intimidation positionnelle** - Approche de "rééquilibrage spatial et communicationnel" pour restaurer la symétrie
- **Face aux fausses alternatives** - Technique d'introduction d'une "troisième voie" élargissant le champ des possibles
- **Face au chantage émotionnel** - Méthode de "distanciation analytique" transformant l'émotion en donnée objective
- **Face à la surcharge informationnelle** - Stratégie de "focalisation sélective" sur les éléments véritablement cruciaux

Une avocate que j'ai formée utilise magistralement la technique du "questionnement socratique" face aux tentatives de manipulation. Par une série de questions précises et bienveillantes, elle amène son interlocuteur à révéler lui-même les failles de sa tactique déloyale. "L'art consiste à poser des questions dont les réponses exposent naturellement les incohérences, sans jamais mettre l'autre en position d'accusé", m'expliquait-elle.

Le retournement stratégique de l'attaque représente l'expression ultime de la maîtrise négociatoire. Au-delà de la simple neutralisation défensive, le négociateur machiavélien transforme la manœuvre adverse en opportunité favorable. Cette alchimie négociatoire s'articule autour de plusieurs principes que j'ai formalisés :

- **Le principe du judo relationnel** - Utiliser la force et l'énergie de l'attaque pour la rediriger dans une direction favorable
- **L'effet miroir amplifié** - Refléter subtilement la tactique employée pour en révéler la nature sans accusation directe
- **La révélation des intérêts cachés** - Transformer l'attaque en révélateur des préoccupations profondes de l'adversaire
- **Le recadrage positif** - Réinterpréter l'action déloyale comme une expression maladroite d'un besoin légitime
- **L'élévation du débat** - Utiliser l'incident pour établir des règles d'engagement plus favorables à vos intérêts

Un négociateur commercial que j'ai longtemps conseillé excelle dans l'art du "recadrage méta-communicationnel". Face à une tactique déloyale, il commente le processus même de la négociation plutôt que de réagir au contenu de l'attaque. "Je remarque que nous nous éloignons des données objectives et que l'émotion prend le dessus dans notre échange. Revenons ensemble aux faits concrets qui serviront nos intérêts communs." Cette simple phrase opère un recadrage puissant qui neutralise la manœuvre tout en positionnant mon client comme le gardien de l'intégrité du processus négociatoire.

La préparation anticipée aux tactiques déloyales forme votre meilleure protection. Le négociateur d'exception n'improvise pas sa réponse aux manipulations, il s'y prépare méthodiquement. Cette préparation comporte plusieurs dimensions essentielles :

- **La cartographie des vulnérabilités** - Identification préalable de vos points sensibles potentiellement exploitables
- **Le catalogue des contre-mesures** - Développement d'un répertoire personnalisé de réponses adaptées à chaque type de tactique
- **Les simulations de confrontation** - Entraînement mental ou avec partenaire aux situations difficiles anticipées
- **L'établissement de règles d'engagement** - Définition préalable du cadre déontologique de la négociation
- **La préparation d'alliés stratégiques** - Identification et briefing des personnes pouvant vous soutenir en cas d'attaque

La capacité à détecter, neutraliser et retourner les tactiques déloyales ne vous encourage pas à les employer vous-même, mais vous confère plutôt le pouvoir d'établir un cadre négociatoire plus transparent et mutuellement bénéfique. L'objectif du négociateur machiavélien éclairé n'est pas la manipulation, mais la maîtrise souveraine des dynamiques relationnelles au service d'intérêts légitimes. La transformation de votre rapport aux tactiques déloyales constitue peut-être l'évolution la plus profonde dans votre parcours de négociateur. Là où le novice les redoute et les subit, vous apprenez à les considérer comme des signaux révélateurs et des opportunités stratégiques. Cette posture souveraine modifie fondamentalement la dynamique du pouvoir dans vos négociations, vous permettant d'exercer une influence déterminante même face aux interlocuteurs les plus retors.

Dans le chapitre suivant, nous aborderons les stratégies pour conclure favorablement vos négociations et transformer ces acquis tactiques en victoires concrètes et durables. Vous découvrirez comment construire des propositions finales irrésistibles qui servent vos objectifs tout en satisfaisant suffisamment les intérêts de vos interlocuteurs pour garantir leur adhésion.

5. Conquérir la Victoire et Assurer son Hégémonie

"L'accord est conclu." Ces trois mots résonnèrent dans la salle de conférence tandis que les deux équipes se serraient enfin la main après douze heures d'intenses négociations. Mon client, dirigeant d'une PME innovante, venait de signer un partenariat stratégique avec un géant industriel qui allait transformer son entreprise. Pourtant, alors que tous célébraient, je me suis penché vers lui pour lui murmurer: "Maintenant commence la véritable négociation." Son regard interrogateur m'a rappelé cette vérité fondamentale que tant de négociateurs oublient: signer n'est pas gagner. La maîtrise de l'après-accord détermine la réalité de votre victoire et la pérennité de votre influence. La phase finale de la négociation machiavélienne constitue le couronnement de tout le processus stratégique que nous avons exploré jusqu'ici. Comme Machiavel l'observait lui-même, "Les hommes jugent en général plus par les yeux que par les mains, car tous peuvent voir, mais peu peuvent toucher." Cette remarque profonde s'applique parfaitement à l'art de conclure et sécuriser vos accords. La perception de victoire, habilement orchestrée, devient souvent plus décisive que les termes contractuels eux-mêmes dans l'établissement de votre hégémonie négociatoire. Les pièges de la conclusion guettent même les négociateurs les plus expérimentés. J'ai observé ce phénomène à maintes reprises lors de négociations critiques pour des entreprises françaises. L'épuisement, le soulagement prématuré et l'impatience de conclure créent une vulnérabilité stratégique précisément au moment où la plus grande vigilance s'impose. Un directeur juridique que j'accompagne régulièrement a développé ce qu'il appelle "la règle des sept respirations". Prendre sept respirations profondes avant toute concession finale, pour contrer cette dangereuse baisse de garde psychologique.

L'architecture d'une conclusion favorable répond à des principes précis que j'ai codifiés au fil des années. Cette approche structurée s'articule autour de quatre dimensions fondamentales :

- **La dynamique temporelle** - Orchestration stratégique du moment optimal pour finaliser, en tenant compte des contraintes et des opportunités contextuelles
- **L'équilibre perceptif** - Construction délibérée d'une perception de gain mutuel, même lorsque l'accord vous avantage objectivement
- **La sécurisation formelle** - Traduction précise des engagements verbaux en clauses contractuelles robustes et sans ambiguïté
- **L'ancrage relationnel** - Établissement des bases d'une relation post-accord qui préserve et renforce votre position avantageuse

Une négociatrice dans le secteur pharmaceutique a parfaitement illustré l'importance de cette architecture lors d'une négociation critique avec un distributeur international. Plutôt que de célébrer prématurément un accord verbal favorable, elle a méticuleusement orchestré une séquence de formalisation qui a transformé chaque détail technique en opportunité d'ancrer sa position dominante pour les années à venir.

L'art du compromis stratégique représente l'une des compétences machiavéliennes les plus subtiles dans la finalisation d'un accord. La capacité à distinguer l'essentiel de l'accessoire et à concéder tactiquement sur certains points pour sécuriser les avantages cruciaux détermine souvent l'issue réelle d'une négociation. Cette distinction exige une clarté stratégique rare que j'ai vu certains de mes clients développer avec une précision remarquable après un entraînement intensif. Le concept de "victoire durable" transcende la simple signature d'un accord. Un dirigeant d'entreprise que j'ai conseillé pendant des années avait coutume de dire: "On ne gagne pas à la signature, on gagne dans l'exécution." Cette sagesse pratique capture l'essence de l'approche machiavélienne de la négociation - la victoire réside moins dans le document signé que dans la réalité de pouvoir qu'il instaure et perpétue. Votre capacité à transformer l'accord formel en avantage concret et durable constitue la véritable mesure de votre maîtrise négociatoire. La création d'une proposition finale irrésistible exige une combinaison sophistiquée de créativité structurelle et de timing psychologique. Les négociateurs d'exception avec qui j'ai travaillé excellent dans l'art de concevoir des solutions qui semblent répondre généreusement aux besoins de l'autre partie tout en servant principalement leurs intérêts stratégiques. Cette alchimie négociatoire repose sur une compréhension profonde des motivations psychologiques qui dépassent les considérations purement rationnelles. La formulation d'offres perçues comme équilibrées, même lorsqu'elles vous avantagent objectivement, constitue une compétence machiavélienne par excellence. Un avocat d'affaires particulièrement habile m'a un jour confié: "L'art suprême n'est pas d'obtenir un accord asymétrique, mais de faire en sorte que l'asymétrie soit invisible." Cette maxime illustre parfaitement la sophistication psychologique nécessaire pour conquérir une victoire qui ne suscite ni ressentiment ni désir de revanche chez votre interlocuteur.

La sécurisation de l'accord représente une phase critique souvent négligée. Les termes verbalement acceptés doivent se traduire en engagements formels sans dilution ni réinterprétation opportuniste. Cette transposition exige une vigilance particulière que j'enseigne systématiquement à mes clients. Un dirigeant industriel français que j'ai longtemps accompagné a développé une méthode particulièrement efficace: la "traçabilité inversée" : vérifier que chaque point d'accord verbal trouve son expression contractuelle précise et contraignante. La dimension psychologique post-accord joue un rôle déterminant dans la pérennisation de votre victoire. J'ai observé comment les négociateurs d'élite gèrent méticuleusement cette phase pour renforcer la perception de leur autorité et de leur bienveillance simultanément. Cette double projection consolide leur influence bien au-delà de l'accord immédiat et transforme une simple transaction en fondation d'un avantage stratégique durable.

La construction d'une réputation de négociateur redoutable représente peut-être l'investissement le plus rentable pour vos futures négociations. Cette réputation, soigneusement cultivée, vous précède dans chaque nouvelle arène négociatoire, modifiant subtilement l'attitude de vos interlocuteurs avant même votre première interaction. J'ai accompagné plusieurs dirigeants français dans cette démarche stratégique de long terme, les aidant à transformer chaque négociation en opportunité de renforcer leur stature pour les confrontations futures. Le réseau d'influence post-négociation forme le terreau fertile de votre hégémonie durable. Les alliances forgées pendant et après l'accord constituent un capital stratégique précieux que les négociateurs machiavéliens savent délibérément cultiver. Une directrice marketing remarquablement perspicace avec qui je collabore régulièrement consacre systématiquement du temps après chaque négociation à nourrir ces relations, transformant d'anciens adversaires en alliés potentiels pour ses futures manœuvres stratégiques.

Dans les sections suivantes, nous explorerons en détail chacune de ces dimensions essentielles pour conquérir la victoire et assurer votre hégémonie négociatoire. Nous examinerons d'abord l'art subtil du compromis stratégique, qui vous permettra de distinguer avec précision l'essentiel de l'accessoire. Nous découvrirons ensuite les techniques sophistiquées pour formuler des propositions finales perçues comme gagnant-gagnant grâce à la créativité, la flexibilité et le timing parfait. Notre exploration se poursuivra avec les méthodes éprouvées pour sécuriser formellement votre accord et prévenir toute tentative de dilution ou de réinterprétation. Nous conclurons enfin par les stratégies pour entretenir votre réputation de négociateur redoutable et développer un réseau d'alliés stratégiques qui amplifieront votre influence future. Ces compétences, maîtrisées conjointement, transformeront vos victoires ponctuelles en hégémonie négociatoire durable.

5.1 Bâtir des Stratégies pour Conclure l'Accord Favorablement

5.1.1 Maîtriser l'art du compromis et de la concession stratégiques en distinguant clairement l'essentiel de l'accessoire

Le silence pesait lourdement dans la salle de réunion. Face à moi, le directeur des achats d'un grand groupe français venait de rejeter catégoriquement ma proposition tarifaire, pourtant déjà ajustée. La tension était palpable. Mon client, un entrepreneur qui m'avait mandaté pour l'accompagner, me lança un regard inquiet. C'est précisément à ce moment que j'ai appliqué l'une des techniques les plus puissantes du négociateur machiavélien : la concession stratégique. J'ai calmement proposé de maintenir le tarif contesté, mais offert gratuitement une option de service premium normalement facturée. L'atmosphère s'est immédiatement transformée. Deux heures plus tard, nous signions un contrat qui, malgré cette concession apparente, garantissait une marge supérieure à l'objectif initial de mon client. Cette anecdote illustre une vérité fondamentale : l'art du compromis ne consiste pas à céder, mais à échanger stratégiquement l'accessoire pour préserver l'essentiel. L'alchimie de la concession stratégique représente peut-être le plus haut niveau de sophistication négociatoire. Machiavel lui-même notait que "le prince sage doit être renard pour reconnaître les pièges et lion pour effrayer les loups". Cette dualité capture parfaitement l'essence du compromis machiavélien : une combinaison subtile de souplesse apparente et de fermeté invisible. Le négociateur d'exception ne cède jamais réellement - il transforme ses concessions en leviers d'influence.

La hiérarchisation des enjeux forme la pierre angulaire de cette approche. Avant même d'entrer en négociation, le stratège machiavélien procède à une classification rigoureuse des éléments en jeu. J'ai développé au fil de ma pratique une taxonomie que je partage avec mes clients les plus exigeants :

- **Les éléments critiques** - Points non négociables liés à vos intérêts fondamentaux et à votre pérennité

- **Les éléments stratégiques** - Aspects importants mais sur lesquels une flexibilité calibrée reste possible
- **Les éléments tactiques** - Zones de concession potentielle dont l'abandon peut créer un effet de réciprocité
- **Les monnaies d'échange** - Éléments à faible valeur pour vous mais perçus comme importants par l'adversaire
- **Les leurres** - Points que vous êtes prêt à sacrifier ostensiblement pour préserver vos intérêts véritables

Avant chaque négociation majeure, je cartographie méticuleusement ces différentes catégories sur une matrice d'impact/flexibilité, me permettant d'identifier instantanément quels éléments peuvent servir de monnaie d'échange et lesquels constituent mes lignes rouges absolues.

La psychologie de la valeur perçue joue un rôle déterminant dans l'art du compromis stratégique. Le négociateur machiavélien comprend intuitivement que la valeur objective d'un élément importe moins que la valeur subjective que lui accorde son interlocuteur. Cette asymétrie perceptive crée des opportunités d'échange extraordinairement favorables lorsqu'on sait les identifier.

J'ai observé dans ma pratique que certains éléments négociatoires présentent régulièrement ces asymétries de valeur perçue :

- **Les éléments temporels** - Délais, échéanciers, périodes d'engagement
- **Les modalités de paiement** - Structures, calendriers, mécanismes de révision
- **Les niveaux de service** - Garanties, disponibilités, réactivité
- **Les dimensions relationnelles** - Reconnaissance, statut, exclusivité
- **Les aspects symboliques** - Dénominations, attributions, marques d'estime

Une directrice commerciale excelle dans l'identification de ces asymétries. Elle m'expliquait récemment : "J'ai découvert que certains clients valorisent des aspects symboliques comme l'exclusivité territoriale, alors même que notre stratégie commerciale n'envisage aucunement de développer d'autres partenariats dans leur zone. Cette compréhension me permet d'échanger cette 'exclusivité' contre des engagements volumétriques substantiels."

La préparation méticuleuse des concessions potentielles représente un facteur critique de succès souvent négligé. Le négociateur machiavélien ne laisse jamais au hasard la détermination de ce qu'il peut céder. Il prépare soigneusement un arsenal de concessions potentielles, précisément calibrées pour créer un effet de réciprocité optimal.

Cette préparation s'articule autour de plusieurs dimensions :

- **La gradation des concessions** - Séquençage précis des éléments à céder, du moins au plus important
- **Le fractionnement stratégique** - Division d'une concession majeure en multiples micro-concessions pour maximiser l'effet psychologique
- **La valorisation narrative** - Construction d'un discours qui amplifie la valeur perçue de ce que vous concédez
- **Le conditionnement explicite** - Liaison claire entre votre concession et celle attendue en retour
- **Le timing optimal** - Détermination du moment précis où une concession produira l'effet maximal

Un avocat d'affaires avec qui je collabore fréquemment m'a décrit sa méthode des "trois tiroirs" : il prépare systématiquement trois niveaux de concessions possibles sur chaque point négociable : mineur, intermédiaire et majeur. Cette approche lui permet d'adapter instantanément sa stratégie à l'évolution de la dynamique négociatoire, sans jamais dépasser ses limites prédéfinies. L'art de donner pour recevoir constitue le cœur opérationnel du compromis stratégique. Le négociateur machiavélien maîtrise parfaitement le principe de réciprocité qui gouverne les interactions humaines. Chaque concession devient un investissement stratégique destiné à générer un retour supérieur à sa valeur réelle.

J'ai codifié plusieurs techniques particulièrement efficaces pour activer ce mécanisme :

- **La concession conditionnelle** - "Si vous acceptez X, alors je suis prêt à considérer Y"
- **L'échange simultané** - "Je vous propose d'ajuster ensemble ces deux points interdépendants"

- **L'offre décroissante** - "Cette proposition exceptionnelle n'est valable que jusqu'à demain"
- **Le groupement stratégique** - "Combinons ces trois points pour créer une solution intégrée"
- **La concession progressive** - "Commençons avec cette première flexibilité, puis évaluons"

Une directrice des achats a perfectionné l'utilisation de la concession conditionnelle. Elle formule systématiquement ses concessions sous forme d'échanges explicites : "Je comprends votre contrainte sur les délais de paiement et je suis prête à les étendre à 60 jours si, de votre côté, vous pouvez garantir un volume minimum trimestriel." Cette formulation établit clairement la nature transactionnelle de sa flexibilité et prévient toute interprétation comme un signe de faiblesse.

La distinction scientifique entre l'essentiel et l'accessoire repose sur une analyse multidimensionnelle rigoureuse. Au-delà de la simple intuition, le négociateur machiavélien développe une grille d'évaluation systématique pour déterminer l'importance réelle de chaque élément négociatoire.

Les critères d'évaluation que j'enseigne à mes clients incluent :

- **L'impact financier direct** - Effet immédiat sur la rentabilité et les flux de trésorerie
- **La valeur stratégique à long terme** - Contribution aux objectifs fondamentaux et au positionnement
- **Le coût d'opportunité** - Ce à quoi vous renoncez en acceptant ou refusant cet élément
- **La réversibilité** - Possibilité de modifier ultérieurement la décision prise aujourd'hui
- **L'effet systémique** - Impact sur d'autres aspects de la négociation ou relations futures

Un chef d'entreprise méthodique a intégré ces critères dans une matrice de décision quantifiée qu'il utilise avant chaque concession significative. Cette approche lui permet de dépasser les biais émotionnels qui conduisent souvent à surévaluer certains aspects négociatoires au détriment d'éléments objectivement plus importants. L'ancrage psychologique des concessions détermine largement leur perception et leur impact. Un même geste peut être interprété comme une faiblesse ou comme un acte de leadership magnanime selon la façon dont vous l'encadrez narrativement. Le négociateur machiavélien maîtrise parfaitement cet art du cadrage.

Les techniques d'ancrage que j'ai perfectionnées incluent :

- **L'amplification narrative** - Souligner subtilement la valeur et le coût personnel de votre concession
- **La contextualisation stratégique** - Présenter votre flexibilité comme partie intégrante d'une vision plus large
- **La rareté suggérée** - Indiquer implicitement que ce type de concession est exceptionnel de votre part
- **Le positionnement relationnel** - Cadrer votre geste comme un investissement dans la relation
- **La référence aux principes** - Lier votre concession à des valeurs partagées ou des normes sectorielles

Un négociateur commercial excelle dans l'art de l'amplification narrative. Lorsqu'il fait une concession, il l'accompagne systématiquement d'une brève explication qui en souligne la valeur sans paraître manipulateur : "Cette flexibilité sur les conditions de livraison représente un véritable défi logistique pour nos équipes, mais je souhaite démontrer notre engagement dans ce partenariat."

La gestion du risque de surconcessionnement représente un aspect critique souvent négligé. Le danger principal du compromis réside dans sa nature potentiellement glissante : une concession en appelle facilement une autre, créant une spirale d'affaiblissement progressif de votre position. Le négociateur machiavélien se prémunit méthodiquement contre ce risque.

Les garde-fous que j'ai développés incluent :

- **La préautorisation interne** - Définition précise de vos limites de concession avec vos décideurs
- **Les paliers d'escalade** - Protocole clair pour toute concession dépassant vos seuils prédéfinis
- **Le journal de concessions** - Suivi documenté de tout ce qui a déjà été cédé pour justifier vos refus

- **La pause stratégique** - Interruption délibérée pour évaluer l'impact d'une demande de concession
- **La redirection thématique** - Changement de sujet après une concession pour éviter l'effet d'entraînement

Une directrice juridique m'a décrit comment elle utilise systématiquement un "carnet de concessions" lors des négociations complexes. À chaque demande nouvelle, elle consulte ostensiblement ce document pour rappeler à son interlocuteur l'historique des flexibilités déjà accordées, créant ainsi une barrière psychologique efficace contre les demandes excessives. La maîtrise du compromis stratégique transformera radicalement votre efficacité négociatoire. En développant votre capacité à distinguer l'essentiel de l'accessoire et à transformer vos concessions en leviers d'influence, vous accéderez à un niveau supérieur de sophistication machiavélienne.

Dans notre prochaine section, nous explorerons comment formuler des propositions finales perçues comme gagnant-gagnant grâce à la créativité, la flexibilité et le timing parfait.

5.1.2 Formuler des propositions finales perçues comme gagnant-gagnant par la créativité, la flexibilité et le timing parfait

La salle de conférence somptueuse d'une grande banque parisienne servait de théâtre à cette scène cruciale. Trois heures de négociations intenses venaient de s'écouler, et l'atmosphère s'alourdissait dangereusement. Les représentants de mon client, une entreprise technologique en pleine croissance, lançaient des regards découragés vers la porte. C'est précisément à ce moment critique que j'ai déployé ce que j'appelle "le pivot créatif", une restructuration complète de notre proposition qui, sans modifier nos conditions fondamentales, répondait astucieusement aux préoccupations non exprimées de nos interlocuteurs. Le changement fut spectaculaire. Les sourcils se levèrent, les stylos commencèrent à griffonner frénétiquement des notes, et quarante minutes plus tard, nous obtenions un accord largement supérieur à nos attentes initiales. Cette expérience illustre une vérité fondamentale: la victoire appartient rarement à celui qui s'accroche rigidement à sa position, mais à celui qui maîtrise l'art de reformuler créativement sa proposition finale. L'alchimie de la proposition gagnant-gagnant représente le point culminant de toute l'architecture négociatoire que nous avons construite jusqu'ici. Machiavel lui-même notait que "le sage change d'avis, le sot jamais". Cette observation profonde capture l'essence même de cette phase décisive, non pas comme un moment de faiblesse ou de compromission, mais comme l'expression suprême de votre flexibilité stratégique. Le négociateur machiavélien accompli sait que la vraie victoire réside dans la perception partagée de gain mutuel, même lorsque l'accord vous avantage objectivement.

L'architecture psychologique d'une proposition finale irrésistible répond à des principes spécifiques. Je vous propose une structure sophistiquée qui s'articule autour de trois dimensions fondamentales :

- **La résonance avec les moteurs décisionnels de l'autre** - Formulation qui s'aligne précisément avec les valeurs, priorités et contraintes spécifiques de votre interlocuteur
- **L'équilibre perceptif** - Construction délibérée d'éléments visiblement favorables pour chaque partie, créant une impression d'équité même dans un accord asymétrique
- **La momentum psychologique** - Utilisation du rythme, de l'énergie et du timing pour créer un sentiment d'inévitabilité positive autour de votre proposition

La créativité structurelle dans la formulation des offres finales constitue votre avantage compétitif décisif. Le négociateur ordinaire reste prisonnier des formats conventionnels de proposition. Le stratège machiavélien, lui, transforme radicalement la structure même de son offre pour créer une perception de valeur supérieure sans nécessairement augmenter ses concessions réelles.

J'ai développé plusieurs techniques de restructuration créative :

- **Le regroupement stratégique** - Combinaison nouvelle d'éléments précédemment négociés séparément pour créer un ensemble perçu comme plus avantageux

- **La segmentation temporelle** - Répartition des bénéfices et obligations sur différentes périodes pour réduire la perception de risque ou d'engagement
- **La conditionnalité positive** - Création de paliers d'avantages progressifs liés à des objectifs partagés
- **La valorisation alternative** - Introduction d'options ou de métriques d'évaluation qui favorisent naturellement votre proposition
- **L'introduction d'éléments nouveaux** - Ajout tardif de composantes inattendues qui déplacent favorablement le cadre d'analyse

Une directrice juridique que je conseille a transformé une négociation bloquée depuis des semaines en utilisant la technique du regroupement stratégique. En combinant astucieusement trois points de blocage en un "package intégré", elle a créé une solution qui semblait nouvelle et équilibrée, alors qu'elle préservait intégralement les intérêts fondamentaux de son entreprise.

Le timing psychologique optimal peut transformer une proposition ordinaire en offre irrésistible. Dans mes observations, le moment précis de présentation d'une offre finale influence considérablement sa perception et son taux d'acceptation. Le négociateur machiavélien développe une sensibilité aiguë aux rythmes psychologiques qui gouvernent toute négociation.

Mes recherches m'ont permis d'identifier plusieurs moments particulièrement propices à la formulation d'une proposition finale :

- **Après une impasse apparente** - Lorsque la fatigue et la frustration créent un désir psychologique profond de solution
- **Suite à une concession significative de l'adversaire** - Quand il existe une dette psychologique implicite et un élan positif
- **En fin de journée ou de session** - Moment où la fatigue cognitive augmente l'attrait des solutions simples et conclusives
- **Face à une contrainte temporelle externe et crédible** - Situation qui légitime la nécessité d'une décision rapide
- **Après une interruption stratégique** - Période qui permet une réinitialisation psychologique et une réévaluation

Un banquier d'affaires avec qui j'ai longuement collaboré a développé ce qu'il appelle la "technique de la parenthèse", une interruption délibérée de quelques minutes juste avant la présentation de sa proposition finale. "Ce bref moment de décompression crée un contraste saisissant qui amplifie l'impact positif de mon offre lorsque je la présente ensuite", m'expliquait-il.

L'équilibre perceptif représente l'art subtil de faire percevoir votre proposition comme équitable, même lorsqu'elle vous avantage objectivement. Cette dimension psychologique cruciale détermine souvent l'acceptabilité d'une offre finale, indépendamment de sa valeur matérielle intrinsèque.

Les techniques d'équilibrage perceptif que j'ai codifiées incluent :

- **La mise en avant des gains adverses** - Souligner explicitement les avantages que votre interlocuteur obtient
- **La validation des préoccupations** - Démontrer que vous avez entendu et pris en compte les inquiétudes exprimées
- **Le partage calculé du mérite** - Attribuer une partie du crédit de la solution à votre interlocuteur
- **La minimisation subtile de vos avantages** - Présenter vos gains comme des conséquences naturelles plutôt que des objectifs
- **L'encadrement narratif équilibré** - Construire un récit qui présente l'accord comme le fruit d'un effort collaboratif

Une négociatrice immobilière que j'ai formée maîtrise parfaitement l'art de la mise en avant des gains adverses. Pour chaque proposition finale, elle prépare soigneusement ce qu'elle appelle une "liste de valeur", un document qui énumère spécifiquement tous les avantages que son interlocuteur obtiendra. "Cette technique crée une impression d'équité qui facilite considérablement l'acceptation de mes conditions essentielles", m'expliquait-elle.

La flexibilité stratégique dans l'ajustement final de votre proposition peut transformer un refus probable en acceptation enthousiaste. Le négociateur machiavélien développe une capacité rare à adapter instantanément son offre en fonction des réactions qu'il observe, sans jamais compromettre ses intérêts fondamentaux.

Cette agilité tactique s'articule autour de plusieurs compétences clés :

- **L'écoute active des signaux faibles** - Détection des micro-réactions révélant les points de résistance réels
- **La préparation d'options modulaires** - Développement préalable de variantes facilement substituables
- **L'ajustement en temps réel** - Capacité à reformuler instantanément certains aspects de l'offre
- **La navigation entre fermeté et souplesse** - Maintien d'un équilibre dynamique entre principes non négociables et zones de flexibilité
- **La gestion fluide des concessions ultimes** - Art de présenter les ajustements finals comme des gestes exceptionnels

Un directeur commercial que je côtoie depuis des années excelle dans l'art de l'ajustement en temps réel. Il m'a décrit comment, lors d'une négociation critique, il a identifié un blocage psychologique chez son interlocuteur grâce à un léger changement dans son langage corporel. Cette observation lui a permis de reformuler immédiatement un aspect symboliquement important de sa proposition sans modifier sa substance économique, débloquant instantanément la situation.

La présentation convaincante de votre proposition finale peut déterminer son acceptation plus sûrement que son contenu même. Le négociateur machiavélien développe une maîtrise exceptionnelle des dimensions verbales, non-verbales et émotionnelles de cette présentation cruciale.

Les éléments clés d'une présentation irrésistible incluent :

- **La clarté cristalline** - Exposition limpide qui élimine toute ambiguïté ou confusion
- **Le cadrage positif** - Formulation qui souligne les opportunités plutôt que les compromis
- **La conviction tranquille** - Démonstration subtile de votre confiance dans la qualité de votre offre
- **L'enthousiasme mesuré** - Expression calibrée d'émotion positive qui reste crédible et authentique
- **La démonstration visuelle** - Utilisation stratégique de supports qui renforcent la perception de valeur

Une directrice marketing que j'ai longtemps accompagnée a développé ce qu'elle appelle la "technique de l'éventail". Il s'agit d'une présentation progressive de sa proposition finale qui dévoile d'abord les éléments les plus consensuels avant d'introduire les aspects plus complexes. Cette méthode crée un momentum psychologique d'approbation qui facilite l'acceptation des points potentiellement controversés..

La gestion des objections finales représente votre ultime défi avant la conclusion. Le négociateur machiavélien anticipe ces résistances ultimes et développe un arsenal de réponses précises qui transforment les obstacles en opportunités d'avancer vers l'accord.

Les stratégies les plus efficaces pour gérer ces objections sont :

- **L'anticipation préventive** - Adressez les objections probables avant même qu'elles ne soient formulées
- **La validation sans concession** - Reconnaissez la légitimité de l'inquiétude sans céder sur le fond
- **La contextualisation stratégique** - Replacez l'objection dans une perspective plus large qui en diminue l'importance
- **Le retournement créatif** - Transformez l'objection en argument en faveur de votre proposition
- **L'exploration collaborative** - Invitez votre interlocuteur à trouver ensemble une solution à sa préoccupation

Un avocat d'affaires maîtrise parfaitement la technique du retournement créatif. Face à une objection sur le coût d'un service juridique, il a immédiatement recadré la discussion: "Vous avez parfaitement raison de vous préoccuper du coût, et c'est précisément pourquoi notre proposition, en prévenant les risques juridiques majeurs que nous avons identifiés, représente un investissement exceptionnellement rentable pour votre entreprise." La maîtrise de l'art de formuler des propositions finales perçues comme gagnant-gagnant transformera radicalement votre efficacité négociatoire. En développant votre créativité, votre flexibilité et votre sens du timing parfait, vous créerez des solutions qui, tout en servant prioritairement vos intérêts, génèreront chez votre interlocuteur une authentique satisfaction.

Dans notre prochaine section, nous explorerons comment sécuriser formellement votre accord et mettre en place une gestion proactive des attentes qui garantira la pérennité de votre victoire négociatoire.

5.2 Consolider le Succès Obtenu et Maintenir son Influence

5.2.1 Sécuriser l'accord et ses termes par une formalisation rigoureuse, une communication claire et une gestion proactive des attentes

La poignée de main venait à peine de sceller l'accord quand j'ai observé une scène révélatrice dans les bureaux d'une entreprise technologique française. Tandis que le directeur général se félicitait d'une négociation brillamment menée, son directeur juridique, resté en retrait, affichait une expression préoccupée. Trois semaines plus tard, ce même dirigeant m'appelait, furieux : l'accord, pourtant célébré, s'effondrait sous le poids d'interprétations divergentes et d'attentes contradictoires. Cette situation, que j'ai rencontrée des dizaines de fois dans ma carrière, illustre une vérité fondamentale : la signature d'un accord ne représente pas la fin de la négociation, mais simplement le passage à sa phase la plus critique. La sécurisation méticuleuse des termes de votre accord déterminera si votre victoire apparente se transforme en succès durable ou en désastre différé. La phase post-accord constitue le moment de vérité où se cristallise la valeur réelle de votre négociation. Machiavel lui-même observait que "les hommes jugent plus par les yeux que par les mains", soulignant ainsi l'importance cruciale des manifestations concrètes d'un engagement. Dans le contexte négociatoire moderne, cette sagesse se traduit par une attention méticuleuse aux mécanismes qui transforment les paroles en engagements exécutoires.

L'anatomie d'un accord solide répond à des principes structurels précis que j'ai identifiés et perfectionnés au fil de ma carrière. Cette architecture robuste s'articule autour de plusieurs dimensions fondamentales :

- **La clarté linguistique absolue** - Élimination de toute ambiguïté terminologique qui pourrait créer des zones d'interprétation divergente
- **La structure hiérarchique explicite** - Organisation claire des clauses principales et secondaires reflétant la priorisation réelle des enjeux

- **Les mécanismes de résolution anticipée** - Protocoles précis pour gérer les différends et complications prévisibles
- **Les seuils de performance mesurables** - Définition d'indicateurs objectifs permettant d'évaluer l'exécution des engagements
- **Les garanties d'exécution tangibles** - Dispositifs concrets assurant le respect des obligations mutuelles

Une avocate d'affaires avec qui je collabore régulièrement a développé ce qu'elle appelle "la règle des trois niveaux de clarté". Chaque clause importante doit être validée sous trois angles : sa compréhension par un expert du domaine, par un profane intelligent, et enfin par la partie adverse elle-même à travers une reformulation explicite. Cette triple validation élimine la quasi-totalité des malentendus potentiels.

La formalisation écrite représente l'ossature juridique qui supporte l'ensemble de votre accord. Le passage du verbal à l'écrit constitue un moment charnière où peuvent se glisser des distorsions significatives, intentionnelles ou accidentelles. Le négociateur machiavélien surveille cette transition avec une vigilance extrême.

Les principes de formalisation :

- **La rédaction séquentielle contrôlée** - Maîtrise du processus d'élaboration documentaire, depuis le premier jet jusqu'à la version finale
- **La traçabilité des engagements oraux** - Correspondance explicite entre chaque point d'accord verbal et sa transcription formelle
- **La spécification exhaustive des termes techniques** - Définition précise de chaque concept ou terme spécialisé utilisé dans l'accord
- **La contextualisation des clauses ambiguës** - Inclusion d'exemples ou de scénarios illustratifs clarifiant l'intention des parties
- **La documentation des discussions interprétatives** - Conservation formelle des échanges ayant conduit à la formulation retenue

Un directeur juridique utilise systématiquement ce qu'il appelle "la matrice de correspondance". Il a mis en place un tableau qui trace chaque point d'accord oral et sa traduction exacte dans le document contractuel final. "Cette pratique m'a sauvé d'innombrables fois d'interprétations 'créatives' de la part de partenaires mal intentionnés", m'a-t-il confié.

La gestion proactive des attentes forme le ciment relationnel qui maintient l'intégrité de votre accord dans la durée. Au-delà des aspects juridiques, cette dimension psychologique détermine souvent la pérennité réelle de votre victoire négociatoire.

J'ai codifié plusieurs techniques particulièrement efficaces pour cette gestion anticipative :

- **La cartographie des attentes explicites et implicites** - Identification systématique de ce que chaque partie attend réellement de l'accord
- **Le calibrage réaliste des résultats anticipés** - Ajustement des projections pour éviter les déceptions futures
- **La communication préventive des obstacles potentiels** - Partage transparent des difficultés prévisibles dans l'exécution
- **L'établissement de jalons intermédiaires vérifiables** - Création de points de contrôle permettant de valider la progression
- **La ritualisation des moments de célébration** - Institutionnalisation de moments valorisant les succès d'étape

Un dirigeant d'entreprise que j'ai accompagné pratique ce qu'il nomme "la technique du film-annonce". Il présente délibérément un scénario d'exécution légèrement plus difficile que celui qu'il anticipe réellement, créant ainsi une marge de sécurité psychologique. "Mieux vaut surprendre positivement que décevoir marginalement", m'expliquait-il avec un sourire.

Les mécanismes de suivi et de contrôle représentent le système nerveux de votre accord, transmettant les informations cruciales sur son exécution réelle. Le négociateur machiavélien ne laisse jamais au hasard la surveillance de la mise en œuvre des engagements obtenus.

Les dispositifs de monitoring que je recommande :

- **Le calendrier d'exécution détaillé avec responsabilités nominatives** - Attribution précise des tâches avec échéances spécifiques
- **Les réunions de suivi structurées à fréquence prédéfinie** - Organisation systématique de points d'étape avec ordre du jour standard
- **Les tableaux de bord d'indicateurs clés** - Suivi quantitatif des paramètres critiques de performance
- **Les protocoles d'alerte précoce** - Mécanismes identifiant rapidement les déviations significatives
- **Les procédures d'escalade graduée** - Processus formalisé de gestion des écarts et manquements

Une directrice des opérations que j'ai longtemps conseillée a développé un "système de suivi à code couleur" particulièrement efficace. Chaque engagement contractuel majeur est traduit en actions concrètes, elles-mêmes associées à un statut visuel immédiatement compréhensible. "Ce simple dispositif visuel a transformé notre taux de respect des engagements en rendant l'invisible visible", m'a-t-elle expliqué.

La gestion de la documentation constitue la mémoire institutionnelle de votre accord, préservant les intentions originelles contre les déformations du temps. Cette dimension souvent négligée s'avère cruciale lors de changements d'interlocuteurs ou de divergences interprétatives.

Les méthodes de documentation stratégique que j'ai perfectionnées incluent :

- **L'archivage chronologique des versions négociées** - Conservation de l'historique complet des itérations documentaires
- **La traçabilité des modifications avec justifications** - Enregistrement des raisons ayant motivé chaque changement significatif
- **La conservation des échanges interprétatifs** - Archivage des clarifications et précisions émises pendant la négociation
- **La documentation des rencontres de suivi** - Procès-verbaux détaillés des réunions d'exécution

- **Le journal de bord des incidents et solutions** - Historique des problèmes rencontrés et des méthodes de résolution adoptées

Un négociateur commercial avec qui je collabore régulièrement m'a décrit comment son "dossier d'intention contractuelle" l'a sauvé lors d'un litige potentiel majeur. Grâce à sa documentation méticuleuse des échanges précontractuels, il a pu démontrer sans ambiguïté l'intention réelle des parties sur un point crucial devenu litigieux.

La prévention des risques d'exécution représente la dimension anticipative qui protège votre accord contre les aléas prévisibles. Le négociateur machiavélien ne se contente pas d'identifier ces risques, il développe proactivement des stratégies de mitigation.

Les techniques de gestion préventive que j'ai développées incluent :

- **L'analyse systématique des points de défaillance potentiels** - Identification méthodique des maillons faibles de l'accord
- **La cartographie des dépendances critiques** - Recensement des facteurs externes pouvant impacter l'exécution
- **Les plans de contingence spécifiques** - Développement de solutions alternatives pour les scénarios problématiques
- **Les clauses d'ajustement automatique** - Mécanismes contractuels s'activant en cas de changement de circonstances
- **Les tests de résistance scénarisés** - Simulations des situations adverses pour valider la robustesse de l'accord

Une directrice financière que j'ai formée pratique ce qu'elle appelle "l'analyse des quatre coins". Pour chaque accord majeur, elle examine systématiquement les scénarios extrêmes : que se passe-t-il si tout va mieux que prévu ? Si tout va pire ? Si nous changeons radicalement notre stratégie ? Si notre partenaire change la sienne ? Cette simple matrice lui permet d'anticiper 95% des situations problématiques avant qu'elles ne se matérialisent.

La communication stratégique autour de l'accord forme la dimension narrative qui consolide sa légitimité et son acceptation. Le négociateur machiavélien comprend que la perception de l'accord par l'ensemble des parties prenantes influence directement sa mise en œuvre effective.

Les principes de communication post-accord que j'ai codifiés incluent :

- **La narration cohérente adaptée aux audiences** - Développement de récits explicatifs ciblés pour chaque groupe d'acteurs
- **La valorisation équilibrée des bénéfices mutuels** - Mise en lumière des avantages pour toutes les parties concernées
- **La transparence calibrée sur les défis d'exécution** - Partage mesuré des difficultés anticipées pour préparer les esprits
- **L'attribution généreuse du succès négociatoire** - Reconnaissance publique de la contribution des acteurs clés
- **Le cadrage positif des compromis nécessaires** - Présentation constructive des concessions mutuelles

Un PDG excelle dans l'art de ce qu'il nomme "la communication concentrique". Pour chaque accord majeur, il développe des messages spécifiques en cercles concentriques : équipe de négociation, dirigeants, collaborateurs directs, partenaires externes, médias. Cette stratification narrative garantit la cohérence globale tout en adaptant finement le message à chaque audience. La maîtrise de ces dimensions essentielles transformera votre capacité à sécuriser durablement vos victoires négociatoires. Au-delà de la simple signature d'un document, vous développerez l'art de créer des accords vivants qui résistent à l'épreuve du temps et des circonstances changeantes.

Dans la section suivante, nous explorerons comment entretenir votre réputation de négociateur redoutable et développer un réseau d'alliés stratégiques qui amplifieront votre influence future.

5.2.2 Entretenir sa réputation de négociateur redoutable et son réseau d'alliés en capitalisant sur les succès pour les victoires futures

La salle de conférence s'était vidée depuis longtemps, mais l'impact de cette négociation résonnait encore dans les couloirs du pouvoir parisien. Six mois après avoir conclu ce partenariat stratégique pour une entreprise technologique française, je fus contacté par trois nouveaux clients potentiels. La raison? "Votre réputation vous précède", m'avoua l'un d'eux. Ce moment cristallisa pour moi une vérité fondamentale que Machiavel comprenait parfaitement : au-delà des accords ponctuels, le véritable pouvoir réside dans la perception durable que vous cultivez auprès de vos pairs et adversaires. Votre réputation de négociateur et votre réseau d'alliés constituent le capital stratégique le plus précieux que vous puissiez développer pour vos futures batailles négociatoires. La réputation stratégique représente votre arme invisible dans toute négociation future. Contrairement aux ressources financières ou matérielles, elle vous précède dans la salle et influence profondément l'attitude de vos interlocuteurs avant même que vous n'ayez prononcé votre premier mot. Le négociateur machiavélien cultive délibérément cette aura comme un jardinier patient façonne un arbre rare.

L'anatomie d'une réputation négociatoire d'élite repose sur plusieurs piliers que j'ai identifiés au cours de ma carrière. Ces dimensions fondamentales façonnent la perception que vos interlocuteurs auront de vous :

- **La crédibilité exécutoire** - Votre historique démontré de respect scrupuleux des engagements pris
- **La compétence technique** - Votre maîtrise visible des aspects substantiels et procéduraux de la négociation
- **La sophistication tactique** - Votre capacité reconnue à déployer des stratégies subtiles et efficaces
- **L'intelligence relationnelle** - Votre aptitude perçue à comprendre les enjeux humains et les dynamiques interpersonnelles
- **L'intégrité stratégique** - Votre adhésion cohérente à des principes négociatoires clairs, même dans les situations difficiles

Un dirigeant français que j'ai conseillé pendant des années cultivait méticuleusement ce qu'il appelait son "capital réputationnel". Il m'expliquait : "Je considère chaque négociation non seulement pour sa valeur intrinsèque, mais également comme un investissement dans ma crédibilité future. Cette réputation me donne un avantage tellement significatif que mes adversaires ajustent souvent leurs positions avant même notre première rencontre."

La narration stratégique de vos succès forme la pierre angulaire de votre construction réputationnelle. Le négociateur ordinaire se contente de signer des accords. Le stratège machiavélien transforme consciemment chaque victoire en un récit mémorable qui renforce son image et amplifie son influence.

Les techniques de narration stratégique que j'ai développées incluent :

- **Le cadrage des succès exemplaires** - Sélection et mise en valeur des victoires négociatoires les plus impressionnantes ou instructives
- **L'attribution calibrée du mérite** - Distribution stratégique des crédits entre vous-même et certains alliés clés
- **La contextualisation dramatique** - Présentation des obstacles surmontés pour amplifier la perception de votre habileté
- **La généralisation des principes** - Extraction de leçons universelles qui démontrent votre maîtrise conceptuelle
- **La diffusion ciblée** - Partage délibéré de ces récits auprès d'audiences spécifiquement choisies pour leur influence

Une avocate excelle dans ce que j'appelle "l'art du récit stratégique". Après chaque négociation significative, elle prend le temps de construire une narration concise et percutante qui met en valeur un aspect particulier de son expertise. "Ces histoires deviennent ma carte de visite vivante", m'expliquait-elle. "Elles circulent dans mon écosystème professionnel et façonnent la perception que les autres ont de mes capacités."

La construction et l'entretien d'un réseau d'alliés stratégiques représentent peut-être l'application la plus pure de la pensée machiavélienne moderne. Le négociateur qui maîtrise cet art transforme systématiquement d'anciens adversaires en futurs alliés potentiels, créant un écosystème d'influence qui amplifie considérablement son pouvoir négociatoire.

Les principes fondamentaux de cette architecture relationnelle incluent :

- **La cartographie des pouvoirs réels** - Identification précise des acteurs disposant d'une influence authentique dans votre écosystème
- **L'investissement asymétrique** - Concentration délibérée de vos ressources relationnelles sur les alliances à plus fort potentiel stratégique
- **La création de valeur partagée** - Développement systématique d'opportunités bénéfiques pour vos alliés clés
- **La fidélisation par l'engagement progressif** - Établissement de collaborations initiales modestes évoluant vers des alliances plus profondes
- **L'équilibre entre exclusivité et diversité** - Maintien d'un portefeuille d'alliances à la fois cohérent et suffisamment varié

Un dirigeant de PME avec qui j'ai longuement collaboré a développé ce qu'il appelle son "conseil des alliés". C'est un groupe informel mais soigneusement sélectionné de contacts stratégiques dans différents secteurs d'activité. "Ces relations représentent mon véritable avantage compétitif", m'expliquait-il. "Avant toute négociation importante, j'active ce réseau pour obtenir des informations ou des introductions que mes concurrents ne peuvent simplement pas acquérir."

La gestion de l'information sur vos performances négociatoires constitue une dimension critique de votre réputation. Le négociateur machiavélien ne laisse pas au hasard ce que les autres savent ou pensent de ses capacités, il contrôle délibérément ce flux d'information comme un régisseur de théâtre module ses éclairages.

Les stratégies de gestion informationnelle que j'ai perfectionnées incluent :

- **La sélection narrative ciblée** - Choix délibéré des aspects de votre expérience que vous mettez en avant selon les contextes
- **La documentation systématique des succès** - Archivage méthodique des résultats positifs et des témoignages favorables

- **La gestion proactive des échecs** - Recadrage constructif des situations sous-optimales en enseignements précieux
- **La diffusion calibrée des compétences** - Partage stratégique de votre expertise dans des forums ou publications influents
- **L'utilisation judicieuse des témoignages tiers** - Mobilisation de validations externes qui renforcent votre crédibilité

Une directrice commerciale pratique ce qu'elle appelle "l'art de l'empreinte informationnelle". Elle documente méticuleusement chaque négociation réussie à travers plusieurs formats (études de cas, témoignages clients, statistiques de performance) qu'elle utilise ensuite de façon ciblée. "L'information sur mes performances est un actif que je gère aussi stratégiquement que mon portefeuille financier", m'expliquait-elle.

La transformation des adversaires en alliés représente peut-être le sommet de l'art négociatoire machiavélien. Cette alchimie relationnelle, quand elle est maîtrisée, vous permet de convertir des oppositions initiales en collaborations stratégiques durables.

Les techniques de conversion relationnelle que j'ai codifiées incluent :

- **L'identification des intérêts fondamentaux communs** - Découverte des objectifs partagés au-delà des positions antagonistes immédiates
- **La création d'opportunités collaboratives** - Développement actif de projets nécessitant une coopération mutuellement bénéfique
- **La résolution exemplaire des différends** - Gestion particulièrement équitable et efficace des désaccords mineurs
- **L'activation des réseaux d'influence partagés** - Mobilisation de connexions communes pour faciliter le rapprochement
- **La valorisation publique des forces adverses** - Reconnaissance sincère des compétences ou atouts de l'ancien opposant

Un négociateur immobilier excellait dans ce qu'il appelait "la stratégie du pont d'or" en créant systématiquement des voies élégantes permettant à d'anciens adversaires de devenir des alliés sans perdre la face. "Je considère chaque négociateur adverse comme un allié potentiel pour mes futures transactions", m'expliquait-il. "Cette perspective transforme radicalement ma façon d'interagir, même dans les moments les plus tendus."

La posture de disponibilité sélective constitue un puissant modulateur de votre valeur perçue. Le négociateur machiavélien comprend instinctivement que sa rareté relative augmente considérablement son capital réputationnel et son influence.

Les principes de gestion de votre accessibilité incluent :

- **La hiérarchisation stratégique des sollicitations** - Priorisation délibérée des demandes selon leur valeur stratégique à long terme
- **La création de filtres d'accès visibles** - Établissement de mécanismes d'intermédiation qui soulignent votre statut
- **L'alternance calculée de présence et d'absence** - Modulation de votre disponibilité selon les phases de la relation
- **La valorisation subtile de votre temps** - Communication implicite de la valeur de votre attention et expertise
- **La réactivité différenciée** - Adaptation de votre promptitude de réponse selon l'importance stratégique du demandeur

Un avocat d'affaires pratique ce qu'il nomme "la stratégie du calendrier inversé". Au lieu de chercher à remplir son agenda, il bloque délibérément de larges plages qu'il n'ouvre qu'aux opportunités les plus stratégiques. "Cette pratique a paradoxalement multiplié les sollicitations de haut niveau que je reçois", m'expliquait-il. "Les clients les plus importants veulent précisément ce qui semble rare et exclusif."

La systématisation des retours d'expérience représente un levier crucial pour transformer chaque négociation en opportunité d'amélioration de votre réputation. Le négociateur machiavélien ne se contente pas de célébrer ses victoires, il les dissèque méthodiquement pour en extraire des enseignements précieux.

La méthodologie d'analyse post-négociation que j'ai développée inclut :

- **L'audit systématique des résultats** - Évaluation rigoureuse des gains obtenus par rapport aux objectifs initiaux

- **L'analyse des moments décisifs** - Identification précise des points de bascule qui ont déterminé l'issue
- **La cartographie des réactions émotionnelles** - Recensement des réponses affectives qui ont influencé le processus
- **L'évaluation des tactiques adverses** - Étude détaillée des manœuvres déployées par vos interlocuteurs
- **La sollicitation de feedbacks externes** - Recherche active de perspectives tierces sur votre performance

Un directeur général a institutionnalisé ce qu'il appelle "le débriefing à 360°". Après chaque négociation significative, il organise une session d'analyse impliquant toutes les parties prenantes internes et parfois même certains interlocuteurs adverses. "Ces retours m'ont permis d'identifier des patterns subtils dans mon approche que je n'aurais jamais perçus autrement", m'expliquait-il. "Chaque négociation devient ainsi un laboratoire d'amélioration pour les suivantes."

L'investissement dans votre développement continu forme la base fondamentale de votre capital réputationnel à long terme. Le négociateur machiavélien ne se repose jamais sur ses succès passés, il cultive délibérément de nouvelles compétences qui enrichissent constamment son arsenal stratégique.

Les dimensions de cet auto-développement stratégique incluent :

- **L'acquisition de compétences complémentaires** - Développement d'expertises adjacentes qui renforcent votre profil négociatoire
- **L'exposition à des contextes négociatoires variés** - Recherche délibérée d'expériences dans des secteurs ou cultures différents
- **L'apprentissage auprès de mentors ciblés** - Identification et sollicitation de guides spécifiques pour des compétences précises
- **La veille sur les innovations méthodologiques** - Suivi rigoureux des avancées dans les sciences de la négociation
- **La pratique réflexive structurée** - Mise en place de routines d'auto-analyse et d'amélioration systématique

Une négociatrice considère son développement professionnel comme un "portefeuille d'investissement cognitif". Elle alloue délibérément son temps et ses ressources à l'acquisition de nouvelles compétences selon une stratégie à long terme. "Je consacre 20% de mon temps professionnel à développer des capacités qui ne me seront utiles que dans trois à cinq ans", m'expliquait-elle. "Cette approche me donne systématiquement une longueur d'avance sur mes interlocuteurs." La maîtrise de ces dimensions transformera radicalement votre trajectoire négociatoire. En cultivant délibérément votre réputation et votre réseau d'alliés, vous transcenderez l'approche transactionnelle limitée pour accéder à une influence systémique durable. Comme l'enseignait Machiavel, le pouvoir véritable ne réside pas dans les victoires ponctuelles, mais dans la capacité à façonner durablement le terrain sur lequel se dérouleront vos futures batailles.

L'approche stratégique de votre réputation et de vos alliances ne représente pas simplement un raffinement tactique, mais une transformation fondamentale de votre posture négociatoire. En capitalisant délibérément sur chaque succès pour renforcer votre position future, vous établissez progressivement une hégémonie négociatoire qui vous permettra d'atteindre des objectifs toujours plus ambitieux, avec une résistance toujours moindre. Le véritable art machiavélien ne consiste pas seulement à gagner des batailles, mais à créer les conditions où la victoire devient presque inévitable.

Conclusion

Assis dans mon bureau parisien, je contemple ce tableau accroché au mur : "Le Prince" de Machiavel, offert par un client reconnaissant après une négociation particulièrement complexe. Cette image me rappelle quotidiennement que le pouvoir négociatoire ne se mesure pas à l'intensité des confrontations, mais à la profondeur de l'influence durable que vous exercez sur votre environnement. Tout au long de ce parcours, nous avons exploré ensemble les principes machiavéliens de négociation, non pas comme des techniques de manipulation cynique, mais comme un art stratégique raffiné permettant d'atteindre vos objectifs légitimes dans un monde où les rapports de force déterminent souvent l'issue des interactions humaines. À l'heure du bilan, prenons le temps de revisiter ce chemin parcouru et d'envisager comment ces enseignements transformeront durablement votre pratique négociatoire. Le négociateur novice entre généralement dans l'arène avec une vision naïve des dynamiques à l'œuvre. Je me souviens de mes propres débuts, quand je croyais encore que la force des arguments rationnels suffisait à convaincre. Cette candeur m'a valu quelques défaites cuisantes qui ont semé les graines de ma transformation. Votre parcours a peut-être débuté par des croyances similaires : la négociation comme simple échange d'arguments, la sous-estimation des dimensions psychologiques et stratégiques, la méconnaissance des rapports de pouvoir sous-jacents. Ces illusions, nous les avons méthodiquement déconstruites pour révéler la véritable nature de la négociation machiavélienne.

La première étape de votre métamorphose a consisté à développer un regard lucide sur les réalités du pouvoir. Cette lucidité n'est pas du cynisme, mais de la clairvoyance stratégique. Dans un monde idéal, les décisions se prendraient uniquement sur la base du mérite des arguments. Dans le monde réel, les dynamiques d'influence, les intérêts cachés et les jeux de pouvoir façonnent profondément l'issue des négociations. Vous avez appris à percevoir ces courants invisibles, à cartographier les véritables centres de pouvoir, à identifier les motivations profondes qui animent vos interlocuteurs au-delà de leurs déclarations officielles. Cette vision lucide représente le fondement sur lequel s'est construite votre nouvelle identité de négociateur. Vous n'êtes plus ce participant naïf qui confond la table de négociation avec un forum académique où triomphe le meilleur raisonnement. Vous êtes devenu un stratège qui perçoit les multiples dimensions du jeu négociatoire : rationnelles, émotionnelles, relationnelles et politiques. Cette transformation cognitive constitue peut-être l'acquis le plus précieux de votre parcours, car elle colore désormais toutes vos interactions professionnelles et personnelles.

L'analyse stratégique, deuxième pilier de votre évolution, vous a doté d'outils méthodiques pour disséquer les situations négociatoires complexes. Souvenez-vous de ces techniques que nous avons explorées pour décrypter vos interlocuteurs, cartographier les enjeux cachés et identifier les leviers d'influence disponibles. Ces méthodes d'analyse ne sont pas de simples exercices intellectuels, mais des instruments pratiques qui vous permettent d'élaborer des stratégies à plusieurs coups d'avance, comme un grand maître d'échecs visualisant les configurations futures du plateau. La maîtrise de cette dimension analytique vous distingue désormais du négociateur ordinaire qui improvise ses positions. Vous avez appris à préparer vos négociations avec une rigueur scientifique, à anticiper les objections, à identifier les zones de vulnérabilité et à développer des scénarios alternatifs. Cette discipline intellectuelle, inspirée du réalisme machiavélien, vous confère un avantage décisif face à des interlocuteurs moins méthodiques.

Le déploiement tactique constitue le troisième volet de votre transformation. Les principes stratégiques, aussi brillants soient-ils, ne valent que par leur mise en œuvre concrète. C'est pourquoi nous avons exploré un riche arsenal de techniques négociatoires : l'art de la concession calculée, les stratégies d'influence psychologique, les méthodes pour neutraliser les tactiques déloyales, les techniques de formulation créative des propositions. Ce répertoire tactique vous donne la flexibilité nécessaire pour vous adapter aux situations les plus diverses. La sophistication de votre approche tactique vous permet maintenant d'orchestrer vos négociations avec une maîtrise inédite. Vous savez quand faire preuve de fermeté et quand manifester de la souplesse, quand accélérer le rythme et quand introduire une pause stratégique, quand communiquer directement et quand utiliser des canaux indirects. Cette agilité tactique, fruit de votre apprentissage machiavélien, vous place dans une classe à part parmi les négociateurs.

L'intégration de la dimension émotionnelle représente une autre facette cruciale de votre évolution. Contrairement à une interprétation superficielle de Machiavel, nous n'avons pas prôné l'élimination des émotions, mais leur maîtrise stratégique. Vous avez découvert comment réguler vos propres états émotionnels pour maintenir votre lucidité dans les moments de tension, comment décrypter les signaux affectifs émis par vos interlocuteurs, et comment utiliser les émotions comme leviers d'influence légitimes. Cette intelligence émotionnelle appliquée à la négociation vous confère un avantage substantiel face aux négociateurs qui restent prisonniers de leurs réactions affectives ou, à l'inverse, qui tentent de supprimer artificiellement toute dimension émotionnelle. Votre approche nuancée, inspirée de la psychologie machiavélienne, reconnaît le rôle central des émotions tout en les maintenant au service de vos objectifs stratégiques.

La construction de votre réputation constitue peut-être l'acquis le plus durable de votre parcours. Nous avons exploré comment chaque négociation s'inscrit dans une trajectoire plus large qui façonne la perception que les autres ont de vous. Cette réputation négociatoire devient un capital précieux qui influence l'attitude de vos interlocuteurs avant même votre première interaction. C'est pourquoi nous avons accordé une attention particulière à la gestion stratégique de votre image et à la construction d'un réseau d'alliés. Cette dimension réputationnelle vous inscrit dans une perspective temporelle élargie, conformément à la vision machiavélienne du pouvoir durable. Vous ne cherchez plus seulement à remporter des victoires ponctuelles, mais à établir une position d'influence qui transcende les transactions individuelles. Cette perspective à long terme distingue le véritable stratège du simple tacticien.

La question éthique, enfin, a traversé notre exploration des principes machiavéliens de négociation. Nous avons rejeté l'interprétation caricaturale qui réduit Machiavel à un apologiste de l'amoralité politique. Notre approche reconnaît plutôt une éthique réaliste qui distingue les principes moraux abstraits des réalités concrètes du pouvoir. Cette perspective vous permet d'exercer votre influence de manière responsable, sans naïveté mais aussi sans cynisme destructeur. Cette réflexion éthique vous aide à naviguer dans les zones grises de la négociation, où les principes absolus offrent peu de guidance pratique. Vous avez appris à exercer votre jugement dans des situations ambiguës, à peser les conséquences à court et à long terme de vos actions, à distinguer les compromis acceptables des concessions qui trahiraient vos valeurs fondamentales. Cette maturité éthique complète votre arsenal de négociateur machiavélien éclairé.

L'intégration harmonieuse de ces multiples dimensions – lucidité stratégique, rigueur analytique, sophistication tactique, intelligence émotionnelle, gestion réputationnelle et réflexion éthique – définit votre nouvelle identité de négociateur. Cette transformation ne s'est pas opérée en un jour, mais à travers un processus d'apprentissage progressif que ce livre a cherché à accélérer et à structurer. Vous possédez maintenant les outils conceptuels et pratiques pour continuer à raffiner votre art négociatoire tout au long de votre parcours professionnel.

La question qui se pose maintenant est celle de l'application concrète de ces principes dans votre contexte spécifique. Comme Machiavel l'a démontré, les principes stratégiques généraux doivent toujours s'adapter aux circonstances particulières. C'est pourquoi je vous invite à considérer votre propre environnement professionnel, vos défis négociatoires spécifiques et les opportunités qui s'offrent à vous. Comment allez-vous déployer cet arsenal machiavélien pour atteindre vos objectifs les plus ambitieux?

Que vous soyez entrepreneur cherchant à conclure un partenariat stratégique, commercial visant à sécuriser un contrat majeur, avocat négociant un accord complexe, ou manager devant orchestrer un changement organisationnel, les principes que nous avons explorés ensemble peuvent être adaptés à votre situation unique. L'art consiste précisément dans cette adaptation créative des principes généraux aux défis particuliers.

Je vous encourage à commencer par identifier une négociation importante à venir dans votre horizon professionnel. Utilisez les outils d'analyse stratégique que nous avons développés pour cartographier minutieusement les acteurs, les enjeux et les rapports de force. Élaborez plusieurs scénarios possibles et préparez vos réponses tactiques pour chacun d'eux. Cultivez votre réseau d'alliés potentiels qui pourraient influencer favorablement l'issue de cette négociation. Une approche particulièrement efficace consiste à décomposer un défi négociatoire complexe en éléments plus simples que vous pouvez aborder séquentiellement. Cette méthode, inspirée de l'approche machiavélienne du pouvoir, vous permet de remporter des petites victoires qui créent un momentum favorable pour les enjeux plus substantiels. Ne négligez pas non plus la dimension psychologique : identifiez les leviers motivationnels spécifiques qui animent vos interlocuteurs.

La patience stratégique représente une autre qualité machiavélienne essentielle dans l'application de ces principes. Les négociations véritablement significatives ne se résolvent que rarement en une seule session. Elles s'apparentent davantage à des campagnes prolongées qui nécessitent une vision à long terme et une capacité à maintenir le cap malgré les fluctuations tactiques. Sachez reconnaître les moments où il faut agir décisivement et ceux où la patience sert mieux vos intérêts. L'amélioration continue de votre pratique négociatoire passe également par un processus réflexif rigoureux. Après chaque négociation significative, prenez le temps d'analyser ce qui a fonctionné et ce qui aurait pu être amélioré. Cette discipline d'auto-évaluation, caractéristique des négociateurs d'exception, vous permettra d'affiner constamment votre approche et d'éviter de répéter les mêmes erreurs.

N'oubliez pas que la maîtrise négociatoire, comme tout art véritable, s'acquiert principalement par la pratique délibérée. Les principes théoriques présentés dans ce livre doivent être mis à l'épreuve du réel pour être pleinement intégrés dans votre répertoire. Ne craignez pas les situations négociatoires difficiles, considérez-les comme des opportunités d'apprentissage qui renforceront votre maîtrise. La communauté des praticiens constitue également une ressource précieuse pour votre développement continu. Recherchez des pairs avec qui vous pouvez échanger sur vos expériences, participer à des simulations ou discuter de cas complexes. Ces interactions professionnelles nourriront votre croissance et vous exposeront à des perspectives nouvelles qui enrichiront votre approche. Souvenez-vous enfin que la négociation machiavélienne n'est pas une simple technique instrumentale, mais un art stratégique qui engage votre intelligence dans toutes ses dimensions. Les plus grands négociateurs que j'ai eu le privilège de former ou d'accompagner possèdent cette capacité unique à intégrer rigueur analytique et intuition créative, fermeté sur les principes et flexibilité dans l'exécution, vision stratégique à long terme et agilité tactique au quotidien.

Votre parcours vers la maîtrise négociatoire ne s'achève donc pas avec la lecture de ce livre, il entre plutôt dans une nouvelle phase, plus autonome et plus créative. Les principes et techniques que nous avons explorés ensemble constituent les fondations sur lesquelles vous bâtirez votre propre style négociatoire distinctif, adapté à votre personnalité, votre secteur d'activité et vos objectifs spécifiques. La vraie mesure de votre succès ne se trouvera pas dans l'application mécanique de formules toutes faites, mais dans votre capacité à développer un jugement stratégique affûté qui vous guide dans les situations les plus complexes. Ce discernement, cette capacité à percevoir ce qui n'est pas immédiatement visible et à anticiper les mouvements futurs, représente l'essence même de la sagesse machiavélienne appliquée à la négociation. Comme Machiavel l'enseignait il y a cinq siècles, le monde appartient à ceux qui comprennent les réalités du pouvoir et savent les naviguer avec intelligence stratégique. En intégrant ces enseignements dans votre pratique quotidienne, vous rejoignez cette lignée de stratèges éclairés qui savent transformer les contraintes en opportunités et les obstacles en tremplins vers leurs objectifs les plus ambitieux.

Je vous invite maintenant à franchir ce seuil avec confiance et détermination. Les principes machiavéliens de négociation que nous avons explorés ensemble ne sont pas des secrets ésotériques réservés à une élite, mais des outils pratiques accessibles à quiconque s'engage sérieusement dans leur maîtrise. Votre succès dépendra ultimement de votre volonté d'appliquer ces principes avec rigueur, créativité et persévérance. Le monde de la négociation s'ouvre maintenant devant vous avec des possibilités nouvelles. Armé des enseignements de Machiavel et des techniques que nous avons développées ensemble, vous percevez désormais les dynamiques invisibles qui façonnent les interactions humaines. Cette vision élargie vous confère un avantage stratégique considérable face à ceux qui restent prisonniers d'une conception naïve ou unidimensionnelle de la négociation. Utilisez ce pouvoir avec sagesse et responsabilité.

Le tableau de Machiavel dans mon bureau me rappelle quotidiennement cette vérité fondamentale : le pouvoir n'est ni bon ni mauvais en soi, tout dépend de la façon dont nous l'exerçons et des fins que nous poursuivons. En maîtrisant l'art machiavélien de la négociation, vous avez acquis un pouvoir significatif. La manière dont vous l'utiliserez déterminera non seulement votre succès professionnel, mais aussi la nature de votre contribution au monde qui vous entoure.

Je vous souhaite des négociations fructueuses et des victoires stratégiques qui vous rapprochent de vos aspirations les plus élevées. Le chemin que nous avons parcouru ensemble à travers ces pages n'est qu'un prologue, l'histoire véritable s'écrira dans vos actions futures, dans ces moments décisifs où vous mettrez ces principes à l'épreuve du réel. C'est là, dans l'arène de vos défis quotidiens, que vous découvrirez la pleine mesure de votre potentiel en tant que négociateur machiavélien éclairé.

Remerciements

L'écriture de ce livre a représenté, comme toute négociation d'envergure, un équilibre entre vision personnelle et intelligence collective.
Cette œuvre porte mon nom mais reflète l'influence inestimable de nombreux esprits brillants.

Ma gratitude va d'abord aux maîtres stratèges qui m'ont formé dans l'art subtil de la négociation machiavélienne. Vos leçons rigoureuses ont forgé ma compréhension des dynamiques de pouvoir les plus complexes.

Je salue particulièrement ces dirigeants, négociateurs et diplomates français qui m'ont ouvert leurs portes, partageant leurs expériences avec une générosité intellectuelle rare.
Votre confiance m'honore profondément.

Ma reconnaissance s'étend également à vous, lecteur, qui avez choisi d'explorer ces principes stratégiques. En vous engageant dans ce parcours transformationnel, vous donnez vie à ces idées.

Si ces pages vous ont apporté une perspective nouvelle, je vous invite à partager votre expérience. Votre témoignage pourrait éclairer le chemin d'autres stratèges en devenir, perpétuant ainsi cette transmission de savoir que Machiavel lui-même considérait comme l'expression ultime de l'influence durable.

Zacharie Michel

www.ingramcontent.com/pod-product-compliance
Lightning Source LLC
Chambersburg PA
CBHW031628210526
45464CB00004B/1806